Excel básico
para o mundo do trabalho

SÉRIE
INFORMÁTICA

Dados Internacionais de Catalogação na Publicação (CIP)
(Jeane Passos de Souza — CRB 8ª/6189)

Sabino, Roberto
 Excel básico para o mundo do trabalho / Roberto Sabino. – São Paulo : Editora Senac São Paulo, 2019. – (Série Informática)

 ISBN 978-85-396-3022-6 (impresso/2019)
 e-ISBN 978-85-396-3023-3 (ePub/2019)
 e-ISBN 978-85-396-3024-0 (PDF/2019)

 1. Microsoft Excel (Programa de computador) 2. Planilhas eletrônicas I. Título. II. Série

19-1038s   CDD – 005.369
                                      BISAC COM058000

Índice para catálogo sistemático:

1. Microsoft Excel : Computadores : Programas   005.369

Excel básico
para o mundo do trabalho

Roberto Sabino

Editora Senac São Paulo – São Paulo – 2019

ADMINISTRAÇÃO REGIONAL DO SENAC NO ESTADO DE SÃO PAULO

Presidente do Conselho Regional: Abram Szajman
Diretor do Departamento Regional: Luiz Francisco de A. Salgado
Superintendente Universitário e de Desenvolvimento: Luiz Carlos Dourado

EDITORA SENAC SÃO PAULO

Conselho Editorial: Luiz Francisco de A. Salgado
Luiz Carlos Dourado
Darcio Sayad Maia
Lucila Mara Sbrana Sciotti
Jeane Passos de Souza

Gerente/Publisher: Jeane Passos de Souza (jpassos@sp.senac.br)
Coordenação Editorial/Prospecção: Luís Américo Tousi Botelho (luis.tbotelho@sp.senac.br)
Márcia Cavalheiro Rodrigues de Almeida (mcavalhe@sp.senac.br)
Administrativo: João Almeida Santos (joao.santos@sp.senac.br)
Comercial: Marcos Telmo da Costa (mtcosta@sp.senac.br)

Edição e Preparação de Texto: Rafael Barcellos Machado
Coordenação de Revisão de Texto: Luiza Elena Luchini
Revisão de Texto: Augusto Iriarte
Projeto gráfico e Capa: Antonio Carlos De Angelis
Editoração Eletrônica: Manuela Ribeiro
Impressão e Acabamento: Gráfica CS Eireli

Nenhuma parte desta publicação poderá ser reproduzida, guardada pelo sistema "retrieval" ou transmitida de qualquer modo ou por qualquer outro meio, seja este eletrônico, mecânico, de fotocópia, de gravação, ou outros, sem prévia autorização, por escrito, da Editora Senac São Paulo.

Todos os direitos desta edição reservados à
Editora Senac São Paulo
Rua 24 de Maio, 208 – 3º andar – Centro – CEP 01041-000
Caixa Postal 1120 – CEP 01032-970 – São Paulo – SP
Tel. (11) 2187-4450 – Fax (11) 2187-4486
E-mail: editora@sp.senac.br
Home page: http://www.livrariasenac.com.br

© Editora Senac São Paulo, 2019

Sumário

	Apresentação	7
	O que é a Série Informática	9
1	**Conhecendo o Excel**	11
	Criando uma planilha	14
	Formatação básica de uma planilha	15
2	**Aumentando a produtividade**	21
	Barra de Ferramentas de Acesso Rápido	23
	Edição de dados nas células	24
	Menus de contexto	25
	Inserção e exclusão de dados, linhas e colunas	25
	Copiar, colar, desfazer e refazer	26
3	**Visualizar, imprimir e salvar**	31
	Deslocamento e visualização	33
	Impressão da planilha	35
	Salvando a planilha	40
4	**Fazendo cálculos**	45
	Entendendo a lógica de cálculos com o Excel	47
	Criando média de vendas com fórmulas	48
	Referências relativas *versus* referências absolutas	49
5	**Funções mais usadas**	55
	Introdução sobre o uso de funções	57
	Funções de pesquisa e referência: *PROCV*	61
6	**Criando gráficos**	69
	Visualizando os dados graficamente	71
	Alterando a aparência do gráfico	73
7	**Recursos adicionais**	79
	Exercícios práticos	81

8	Guia de consulta rápida e dicas	97
	Funções mais utilizadas	99
	Teclas de atalho	109
9	Colaboração on-line	115
	Excel on-line	117
	Usando o OneDrive	120
10	O Excel como ferramenta de desenvolvimento profissional	125
	Sobre o autor	129
	Índice geral	131

Apresentação

O que é a Série Informática

A Série Informática foi criada para que você aprenda informática sozinho, sem professor! Com ela, é possível estudar os softwares mais utilizados pelo mercado, sem dificuldade. O texto de cada volume é complementado por arquivos na web disponibilizados pela Editora Senac São Paulo.

Para utilizar o material da Série Informática, é necessário ter em mãos o livro, um equipamento que atenda às configurações necessárias e o software a ser estudado.

Neste volume, estruturado com base em atividades que permitem estudar passo a passo o software, são apresentadas informações essenciais para a operação do Microsoft Excel (o conteúdo abordado foi criado com base na versão 2019, mas atende às versões a partir da 2013). Você deverá ler com atenção e seguir corretamente todas as instruções. Se encontrar algum problema durante uma atividade, volte ao início e recomece; isso vai ajudá-lo a esclarecer dúvidas e resolver dificuldades.

Estrutura do livro

Este livro está dividido em capítulos que contêm uma série de atividades práticas e informações teóricas sobre o Microsoft Excel. Para obter o melhor rendimento possível em seu estudo, evitando dúvidas ou erros, é importante que você:

- leia com atenção todos os itens do livro, pois sempre encontrará informações úteis para a execução das atividades;
- conheça e respeite o significado dos símbolos colocados na margem esquerda de determinados parágrafos do texto, pois eles servem para orientar seu estudo;
- faça apenas o que estiver indicado no passo a passo e só execute uma sequência após ter lido a instrução do respectivo item.

Como baixar o material da Série Informática

É muito simples utilizar o material da Série Informática. Inicie sempre pelo Capítulo 1, leia atentamente as instruções e execute passo a passo os procedimentos solicitados.

Para a verificação dos exercícios dos capítulos e das atividades propostas, disponibilizamos no site da Editora Senac São Paulo os arquivos compactados contendo o conjunto de pastas referentes aos projetos que serão desenvolvidos ao longo do livro.

1. Para fazer o download, acesse a internet e digite o link:

   http://www.editorasenacsp.com.br/informatica/exceltrabalho/planilhas.zip

2. Ao ser exibido em seu navegador, faça o download da pasta com o nome de *Planilhas* na área de trabalho (ou no local de sua preferência).

3. Descompacte os arquivos.

Bom estudo!

1
Conhecendo o Excel

O Excel é o representante mais ilustre de um tipo de aplicativos conhecidos como editores de planilhas eletrônicas. De maneira simplificada, uma planilha é uma tabela que serve para organizar dados e realizar contas com facilidade.

Além de permitir a realização dessas tarefas básicas, o Excel permite inserir imagens nas planilhas, criar funções de cálculo automáticas, formatar partes da tabela, criar bases de dados, integrar a planilha com outros aplicativos, automatizar funcionalidades e muito mais.

A tela inicial do Excel, em geral, apresenta as seguintes características:

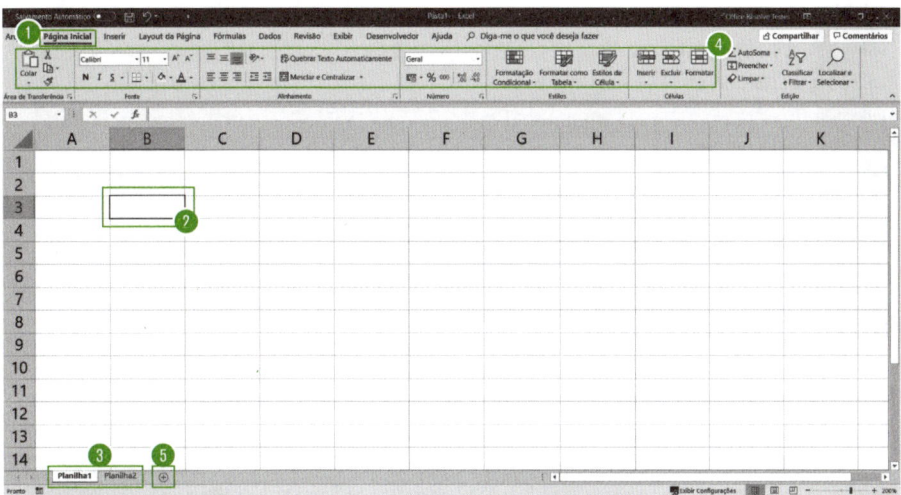

❶ Os comandos estão agrupados por guias. A guia *Página Inicial* é a que mais utilizaremos no dia a dia. ❷ A junção de uma coluna com uma linha é chamada de célula. A célula selecionada aqui é a *B3*, pois está na junção da coluna *B* com a linha *3*. ❸ O que costumamos chamar de planilha é, na verdade, uma pasta de trabalho, que pode ser composta por uma ou mais planilhas. ❹ Na parte de cima, fica a *Faixa de Opções*, onde você encontrará os comandos de cada guia. ❺ Com este botão, é possível adicionar planilhas à pasta de trabalho.

CRIANDO UMA PLANILHA

Para criar uma planilha, siga com atenção os passos a seguir.

1. Clique na opção *Pasta de trabalho em branco* na *Página inicial*.

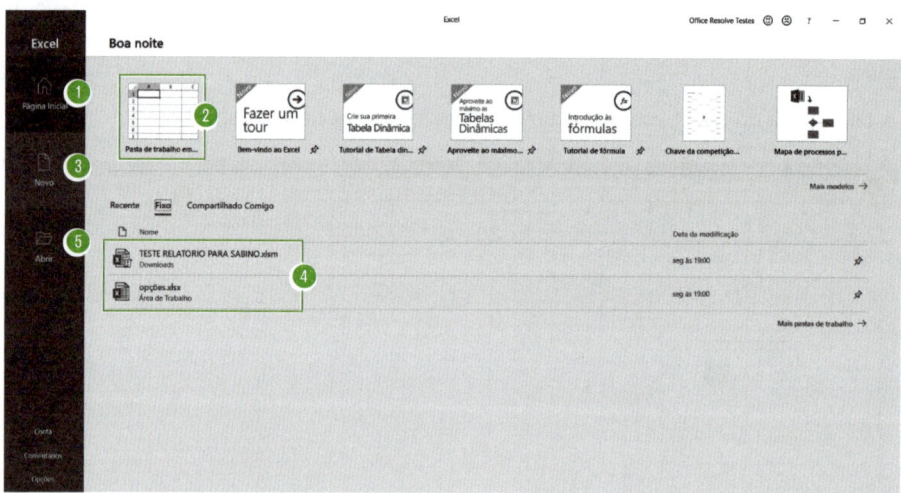

❶ Quando o Excel abrir, serão apresentadas algumas opções. A primeira delas é a *Página Inicial*. ❷ Para iniciar uma pasta de trabalho nova (vazia), escolha a opção *Pasta de trabalho em branco*. ❸ Para escolher entre modelos de pastas de trabalho, acesse a opção *Novo*. ❹ As pastas utilizadas recentemente podem ser acessadas por aqui. ❺ Para procurar outras pastas já salvas, use a opção *Abrir*.

2. Selecione a célula *A1* clicando com o mouse na junção da coluna *A* com a linha *1*.

3. Digite *Relatório de Vendas 1º. Trimestre/2019*.

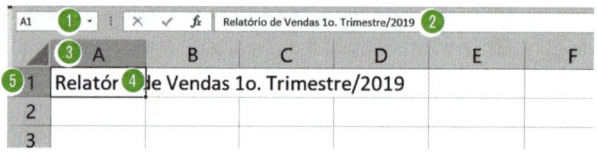

❶ Essa é a *Caixa de Nome*, que mostra a referência da célula ou do intervalo selecionado. ❷ Essa é a *Barra de Fórmulas*, que mostra o que foi digitado na célula ou o resultado de uma conta. ❸ Coluna *A*. ❹ Célula *A1*. ❺ Linha *1*.

4. Selecione a célula *A2* clicando com o mouse na junção da coluna *A* com a linha *2*.

5. Digite *Equipe*.

6. Selecione a célula *A3* e digite *Equipe A*.

7. Usando a seguinte imagem como referência, digite os demais dados nas respectivas células:

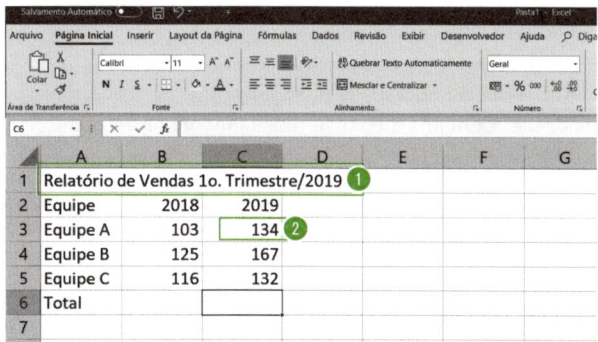

❶ Observe que até agora não fizemos nenhuma formatação. O título está ultrapassando o limite da célula *A1*. Porém, isso não é um problema, pois o Excel consegue separar o conteúdo de cada célula. ❷ Também não temos bordas, e as colunas não estão alinhadas com o título.

FORMATAÇÃO BÁSICA DE UMA PLANILHA

Formatar uma planilha é melhorar sua aparência, para que possa ser compreendida com maior facilidade. A formatação básica consiste em ajustar o título, os rótulos de dados, a largura das colunas, a altura das linhas, a cor de fundo e as bordas. A maior parte da formatação pode ser feita com os comandos da guia *Página Inicial*.

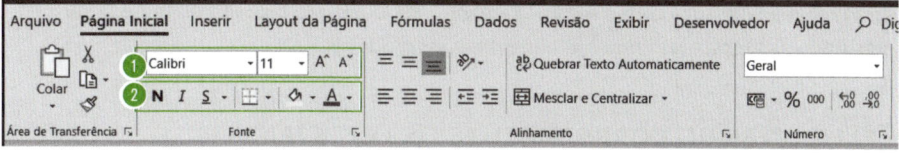

❶ Muda o tipo de letra (fonte) e o tamanho. ❷ Aplica **Negrito**, *Itálico* e Sublinhado.

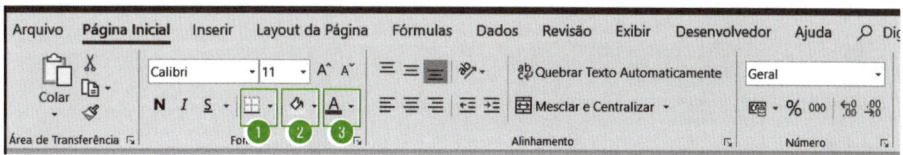

❶ Insere, altera e exclui bordas. ❷ Altera a cor de fundo da célula. ❸ Altera a cor da fonte.

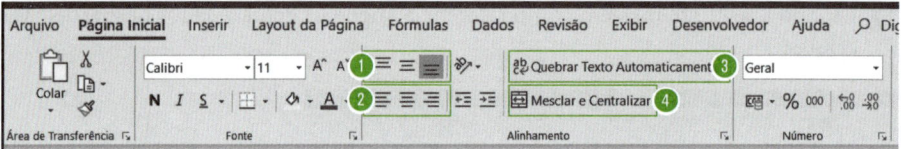

❶ Alinha o texto verticalmente na célula. ❷ Alinha o texto horizontalmente na célula. ❸ Quebra o texto para a próxima linha quando chega ao limite da célula. ❹ Junta duas células ou mais em uma única.

Como alterar a largura da coluna e a altura da linha

Alterar a largura da coluna e a altura da linha pode dar um aspecto mais organizado à planilha.

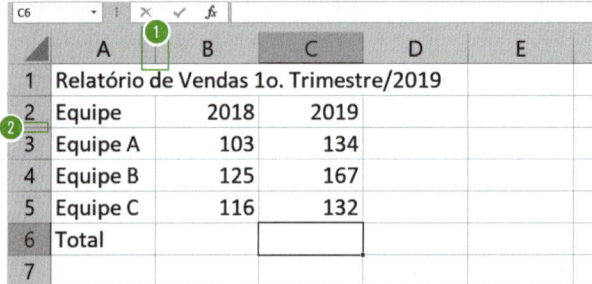

❶ Para aumentar ou diminuir a largura da coluna, posicione o mouse na junção do rótulo das colunas, clique, segure e arraste. Se mais de uma coluna estiver selecionada, todas serão redimensionadas com o mesmo tamanho. ❷ O mesmo procedimento pode ser executado na junção das linhas para redimensionar sua altura.

Selecionando corretamente os intervalos

Sempre que for usar uma formatação, selecione corretamente o intervalo onde quer aplicá-la. Existem quatro tipos básicos de seleção:

- Selecionar uma célula: basta clicar com o mouse uma vez sobre a célula.

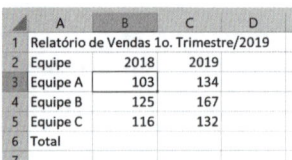

- Selecionar um intervalo de células: clique na primeira célula do intervalo, mantenha o botão do mouse pressionado e deslize até a última célula do intervalo. Na figura, o intervalo selecionado vai de *A2* até *C2*, ou *A2:C2*.

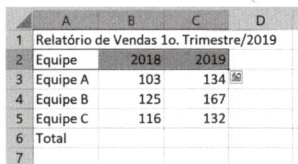

- Selecionar uma ou mais colunas inteiras: ao clicar sobre o rótulo, toda a coluna será selecionada. Se mantiver pressionado o botão do mouse e deslizar para as colunas laterais, todas serão selecionadas. Na imagem a seguir, estão selecionadas as colunas *B* e *C*.

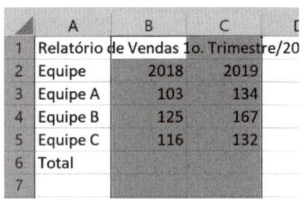

- Selecionar uma ou mais linhas inteiras: ao clicar sobre o rótulo, a linha inteira será selecionada. Deslizando para as linhas acima ou abaixo, todas serão selecionadas. Na imagem a seguir, estão selecionadas as linhas *3*, *4* e *5*.

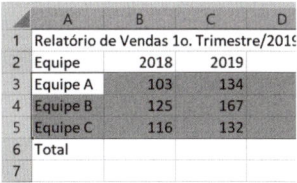

Finalizando a formatação da planilha

Usando os conhecimentos obtidos, faça o seguinte:

1. Selecione a célula *A1* e altere o tamanho da fonte para *16*.
2. Selecione o intervalo *A1:C1* e aplique o comando *Mesclar e Centralizar* para deixar o título em uma única célula.
3. Selecione as colunas *A*, *B* e *C* inteiras e vá aumentando aos poucos a largura, até que todo o título esteja visível.
4. Selecione a linha *2* inteira, aplique *Negrito* e alinhamento horizontal centralizado.
5. Selecione o intervalo *A1:C6* e aplique todas as bordas.

6. Selecione o título (célula *A1*) e aplique a cor de fundo *Azul-claro*.

7. Selecione o intervalo *A2:C2* (rótulos de dados) e aplique o fundo *Azul-escuro* e a fonte *Branco, Plano de Fundo 1*.

Sua planilha deve estar assim:

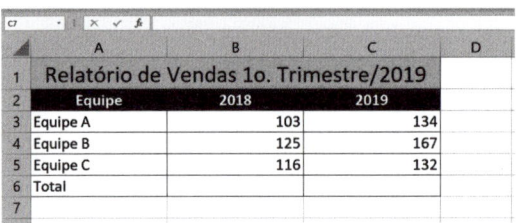

ANOTAÇÕES

ANOTAÇÕES

2

Aumentando a produtividade

Para aumentar a produtividade, é preciso diminuir o tempo que se gasta para fazer uma tarefa, o que é um diferencial para o sucesso na vida profissional. Usar o Excel como uma ferramenta de produtividade significa usar os seus recursos corretamente e da maneira mais fácil possível. Neste capítulo, vamos ver algumas funcionalidades que ajudam a aumentar sua produtividade.

BARRA DE FERRAMENTAS DE ACESSO RÁPIDO

A *Barra de Ferramentas de Acesso Rápido* é um conjunto de botões de comando que agiliza o acesso aos recursos mais utilizados. Está localizada na parte superior esquerda da janela do Excel.

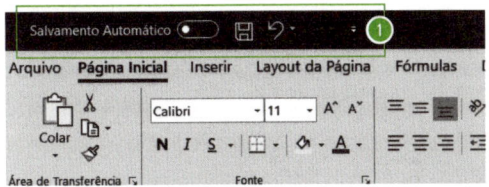

❶ Os botões-padrão dessa barra são: *Salvamento Automático, Salvar, Desfazer, Refazer* e *Personalizar Barra de Ferramentas de Acesso Rápido.*

Incluindo um botão na *Barra de Ferramentas de Acesso Rápido*

Ao clicar no botão *Personalizar Barra de Ferramentas de Acesso Rápido*, será aberta uma caixa de diálogo que permite adicionar as funções que você mais usa, aumentando sua produtividade.

1. Clique no botão *Personalizar Barra de Ferramentas de Acesso Rápido.*
2. Escolha a opção *Mais comandos.*
3. Na caixa de diálogo que aparecer, localize o campo *Escolher comandos em* e selecione a opção *Guia Fórmulas.*
4. Clique duas vezes no botão *AutoSoma* e clique em *OK.*

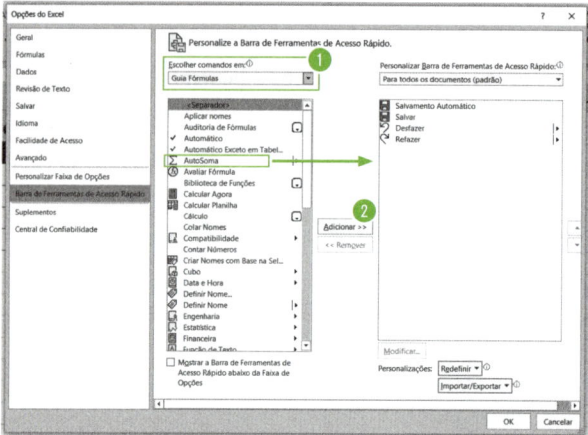

① A opção *Escolher comandos em* serve para facilitar a localização dos comandos. Observe que a separação é muito parecida com a das guias que estão na *Faixa de Opções*. Ao escolher a guia *Fórmulas*, por exemplo, o Excel vai mostrar os comandos que aparecem nessa guia.
② Também é possível adicionar um comando ao selecioná-lo e clicar em *Adicionar»*.

Agora, observe que o botão incluído aparece na *Barra de Ferramentas de Acesso Rápido*.

Para inserir o somatório dos dados de vendas das equipes, vamos usar esse botão. Esse recurso será explorado mais detalhadamente no Capítulo 5.

Antes de incluir a soma, no entanto, vamos aprender a editar as células.

EDIÇÃO DE DADOS NAS CÉLULAS

Para trabalhar de forma eficiente com o Excel, é importante entender como funciona a edição de dados nas células. Existem dois modos simples de fazer a edição dos dados de uma célula:

- clique duas vezes no meio da célula (evite clicar na borda); ou
- selecione a célula desejada e tecle *F2*.

Usando o modo de edição que preferir, altere os dados das células *B2* e *B3* para *1o. Tri/2018* e *1o. Tri/2019*, respectivamente.

Ainda antes de incluir os somatórios, vamos aprender a incluir dados em uma planilha.

MENUS DE CONTEXTO

Quando se clica com o botão direito do mouse sobre algumas áreas específicas da planilha, aparecem os menus de contexto, que trazem automaticamente os comandos mais relevantes para aquela situação. Veja a seguir três exemplos de menus de contexto.

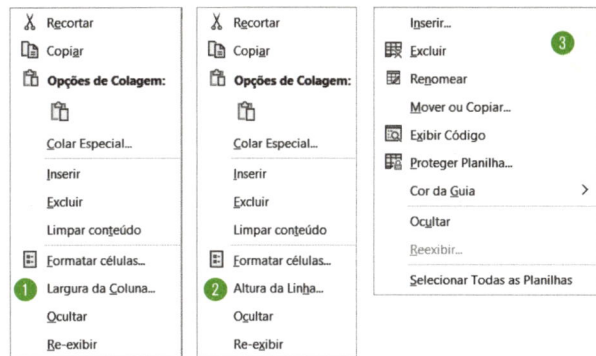

❶ Ao clicar sobre uma coluna. ❷ Ao clicar sobre uma linha. ❸ Ao clicar sobre a aba de uma planilha.

Perceba como os comandos variam de acordo com o ponto onde o clique foi dado, pois esses menus ajudam a encontrar comandos relevantes para cada necessidade.

INSERÇÃO E EXCLUSÃO DE DADOS, LINHAS E COLUNAS

Agora que já sabemos usar os menus de contexto, fica bem mais fácil inserir dados, linhas e colunas.

1. Clique com o botão direito do mouse no rótulo da linha 6.
2. No menu de contexto, escolha a opção *Inserir*.

A planilha deve ficar como a seguinte:

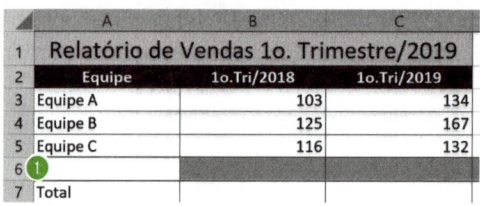

Agora basta inserir os dados da Equipe D.

3. Na célula *A6*, digite *Equipe D*.

4. Na célula *B6*, digite *118*.

5. Na célula *C6*, digite *133*.

Aproveitando o botão que colocamos na *Barra de Ferramentas de Acesso Rápido*, vamos colocar os somatórios.

6. Selecione o intervalo *B7:B8* e clique em *AutoSoma* na *Barra de Ferramentas de Acesso Rápido*.

COPIAR, COLAR, DESFAZER E REFAZER

Para obter alta produtividade, alguns dos recursos mais usados no dia a dia são o *Copiar* e o *Colar*, popularmente conhecidos como *CTRL + C* e *CTRL + V*, muito comuns em quase todos os aplicativos usados na plataforma Windows. Vamos ver algumas variações no Excel.

Colar (inserir) várias linhas ao mesmo tempo

1. Clique no rótulo da linha *3*, segure e arraste até a linha *6*, para selecionar as linhas inteiras.

2. Copie os dados para a área de transferência usando *CTRL + C*.

3. Clique com o botão direito sobre o rótulo da linha *7* para exibir o menu de contexto.

4. Observe que agora existe a opção *Inserir células copiadas*. Clique nessa opção para inserir as linhas antes do somatório.

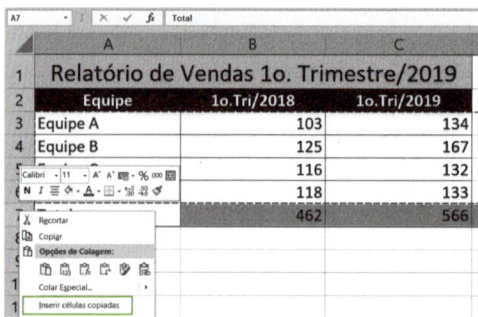

Observe que algumas coisas interessantes aconteceram na planilha.

	A	B	C
1	Relatório de Vendas 1o. Trimestre/2019		
2	Equipe	1o.Tri/2018	1o.Tri/2019
3	Equipe A	103	134
4	Equipe B	125	167
5	Equipe C	116	132
6	Equipe D	118	133
7	Equipe A	103	134
8	Equipe B	125	167
9	Equipe C	116	132
10	Equipe D	118	133
11	Total	❶ 462	❷ 566

❶ Esse símbolo no canto da célula significa que possivelmente há algo errado nela. Se você clicar sobre ele, o Excel vai avisar: *Essa fórmula omite células adjacentes.* ❷ Observe que as fórmulas inseridas com a função *AutoSoma* não foram atualizadas após a inserção das linhas. Para corrigir esse problema, basta clicar sobre cada célula (*B11* e *C11*, uma de cada vez) e clicar novamente no botão *AutoSoma*.

Colar linhas sem inserir

Vamos fazer agora um procedimento bem parecido, porém usando CTRL + C e CTRL + V.

1. Clique no rótulo da linha 3, segure e arraste até a linha *10*.
2. Copie os dados para a área de transferência usando CTRL + C.
3. Selecione a célula *A11* (onde está o rótulo *Total*).
4. Cole os dados copiados usando CTRL + V.

Observe que os dados colados sobrepõem a linha de totais. Não era isso o que queríamos; portanto, precisamos desfazer esse último comando.

Comandos *Desfazer* e *Refazer*

Outros dois comandos aliados da produtividade são o *Desfazer* e o *Refazer*, também chamados de *CTRL + Z* e *CTRL + Y*. Ambos podem ser encontrados na *Barra de Ferramentas de Acesso Rápido*:

1. Agora, desfaça a colagem usando CTRL + Z.

Com isso, perceba que o comando CTRL + Y agora está habilitado e você poderia refazer a colagem, se fosse necessário. Neste caso específico, não usaremos o comando, porque não queremos que as linhas coladas sobreponham a linha de totais.

Use o *CTRL + Z* imediatamente após executar algum comando que não surtiu o efeito esperado. Também tenha em mente que algumas ações específicas não podem ser desfeitas.

Sua planilha deve estar assim:

EXERCÍCIOS PROPOSTOS

Até este ponto, aprendemos os conceitos mais básicos do Excel. Agora, vamos praticar um pouco com os exercícios propostos a seguir.

1. Usando o grupo *Número* na guia *Página Inicial*, selecione o formato *Contábil* para formatar os dados de vendas nos trimestres e no somatório.
2. Destaque com a cor de fundo amarela a linha de somatório (*11*).
3. Aplique *Negrito* nos rótulos da linha *3* até a linha *11*.
4. Aplique *Negrito* nos somatórios.
5. Altere o nome das últimas quatro equipes para *Equipe E*, *Equipe F*, *Equipe G* e *Equipe H* (tente alterar apenas a última letra, em vez de reescrever todo o nome).
6. Copie e cole as colunas, criando um par de colunas para cada trimestre dos anos 2018 e 2019.
7. Usando o recurso *Mesclar Células*, ajuste o menu para acompanhar a largura das novas colunas.
8. Altere o título da planilha para *Relatório de Vendas 2018 versus 2019*.
9. Usando o menu de contexto na aba da planilha, troque o nome da planilha para *Relatório de Vendas*.
10. Salve a planilha com o nome *Relatório de Vendas* usando a *Barra de Ferramentas de Acesso Rápido* (se precisar de ajuda, veja o item "Salvando a planilha", no Capítulo 3).

Pronto! Sua planilha deve estar como a da figura a seguir:

ANOTAÇÕES

# 3
Visualizar, imprimir e salvar

Todo o trabalho de edição e formatação que fizemos até agora é muito importante, mas, se a planilha for grande demais, pode ser difícil visualizá-la ou trabalhar nela. Pensando nisso, neste capítulo vamos aprender a visualizar partes específicas da planilha, mudar o modo de visualização e melhorar o resultado das impressões (caso essas sejam realmente necessárias: lembre-se de que o uso de planilhas impressas restringe muito o trabalho). Utilizaremos a mesma planilha em que estávamos trabalhando.

DESLOCAMENTO E VISUALIZAÇÃO

Para deslocar-se rapidamente pela planilha, um grande aliado é o teclado, em especial as teclas de direção.

A tabela a seguir apresenta alguns atalhos de deslocamento pela planilha; pode demorar um pouco até que você se acostume a usá-los.

Para	Pressione
Mover-se para a borda superior da região que estiver selecionada.	CTRL + Tecla de direção para cima
Mover-se para a borda inferior da região que estiver selecionada.	CTRL + Tecla de direção para baixo
Mover-se para a borda esquerda da região que estiver selecionada.	CTRL + Tecla de direção para a esquerda
Mover-se para a borda direita da região que estiver selecionada.	CTRL + Tecla de direção para a direita
Mover-se para o começo de uma planilha.	CTRL + HOME
Mover-se para o final de uma planilha.	CTRL + END

Visualização para edição da planilha na tela

Além do deslocamento, pode ser muito recomendado ajustar a visualização da planilha, para facilitar o trabalho e principalmente a impressão.

1. Clique na guia *Exibir* para ver algumas opções de visualização.
- *Zoom*: esta ferramenta *Zoom* facilita a visualização pois permite focar os pontos mais importantes da planilha, o que pode ajudar muito na produtividade.

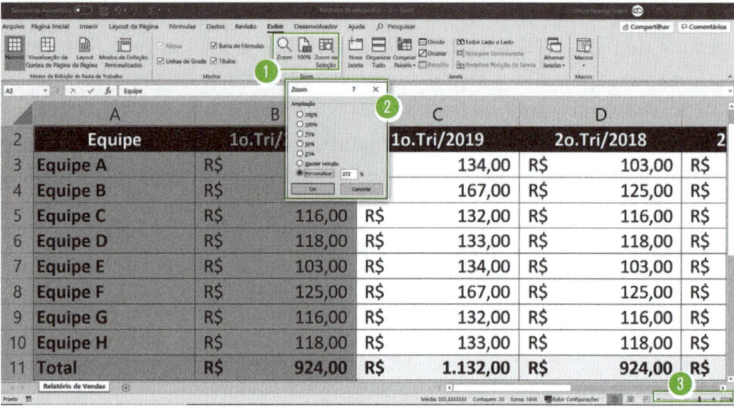

❶ Na guia *Exibir*, há três opções de botões para trabalhar com o *Zoom*. ❷ Ao clicar em: *Zoom*: será aberta essa janela, onde é possível definir o nível de zoom que será aplicado em toda a planilha; *100%*: o zoom retorna para o nível-padrão de 100%; *Zoom na seleção*: o zoom é ajustado automaticamente de forma a mostrar o intervalo da forma mais destacada possível. ❸ Também é possível alterar o zoom pela *Barra de Status*.

- *Janela*: algumas vezes, a planilha pode estar tão complexa que é preciso trabalhar ao mesmo tempo em pontos diferentes dela. Isso pode ser feito mais facilmente com o uso de duas ou mais janelas simultâneas.

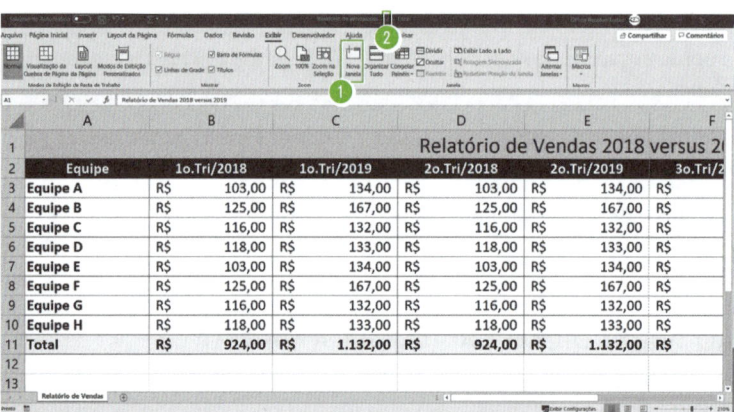

❶ A opção *Nova Janela* permite usar duas ou mais janelas na mesma pasta de trabalho simultaneamente. Observe que na *Barra de Título* da janela aparecerá o número da janela. Neste exemplo, essa é a janela 2. Se você trabalhar com dois monitores, pode editar uma janela em cada um. ❷ Número da janela em uso.

- *Congelar Painéis*: congelar significa que, ao rolar as linhas ou colunas para visualizar o restante da planilha, a(s) primeira(s) linhas e/ou coluna(s) continuará(ão) visível (eis). Há três opções de congelamento de linhas ou colunas. Ao usar a primeira, *Congelar Painéis*, o Excel usará a célula que estiver selecionada como referência e congelará as linhas acima e as colunas à esquerda dela. No exemplo a seguir, esse recurso foi usado para congelar a primeira coluna e as duas primeiras linhas.

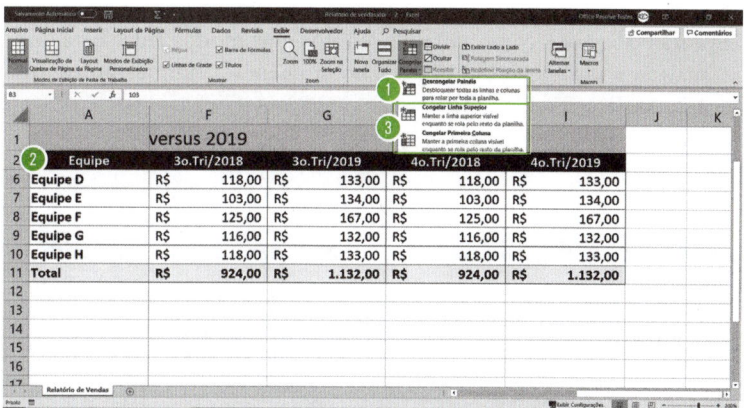

❶ Depois de usar o recurso *Congelar Painéis*, a primeira opção passa a ser *Descongelar Painéis*, que serve para reverter o congelamento. ❷ Observe que as duas primeiras linhas e a primeira coluna foram congeladas. ❸ As outras duas opções servem para congelar somente a primeira linha ou a primeira coluna.

IMPRESSÃO DA PLANILHA

A opção de visualização-padrão é chamada de *Normal*. É muito indicada para edição da planilha, mas não mostra como ela ficará impressa. Existem outros dois modos de visualização que podem ajudar muito quando for preciso imprimir a planilha: *Visualização da Quebra de Página* e *Layout de Página*.

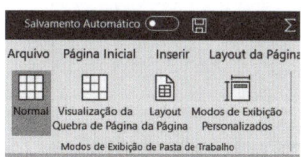

A *Visualização da Quebra de Página* mostra exatamente como serão divididas as páginas na impressão da planilha. No exemplo a seguir, é possível ver que a planilha será impressa em duas folhas. Pode ser necessário alterar algumas configurações para imprimi-la em uma única folha (veremos isso mais à frente).

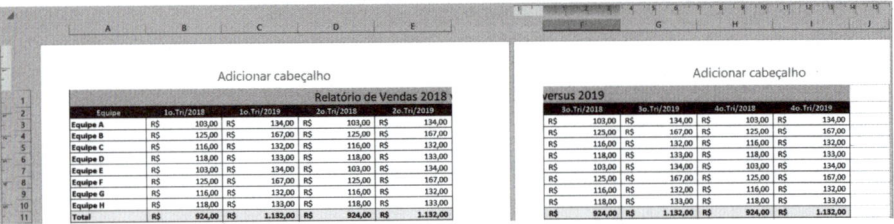

A visualização *Layout de Página* é como uma junção dos dois modos anteriores, uma vez que permite visualizar a separação das páginas no momento da impressão ao mesmo tempo que permite a edição da planilha.

Lembre-se de usar os modos de visualização de acordo com o objetivo da planilha. Caso vá usar somente o formato eletrônico, o modo *Normal* será o mais adequado.

INCLUINDO CABEÇALHO E RODAPÉ

Se for necessário incluir cabeçalho e rodapé na planilha impressa, existem algumas maneiras de fazer isso. Uma delas é usar o modo de visualização *Layout de Página* e adicionar o cabeçalho diretamente. Perceba que, ao clicar sobre a região *Adicionar cabeçalho*, uma nova guia de opções aparece para ajudar na edição do cabeçalho: *Design*. Essa guia apresentará opções para ajudar na edição do cabeçalho, permitindo adicionar automaticamente o número da página, o nome do arquivo, o nome da planilha, etc.

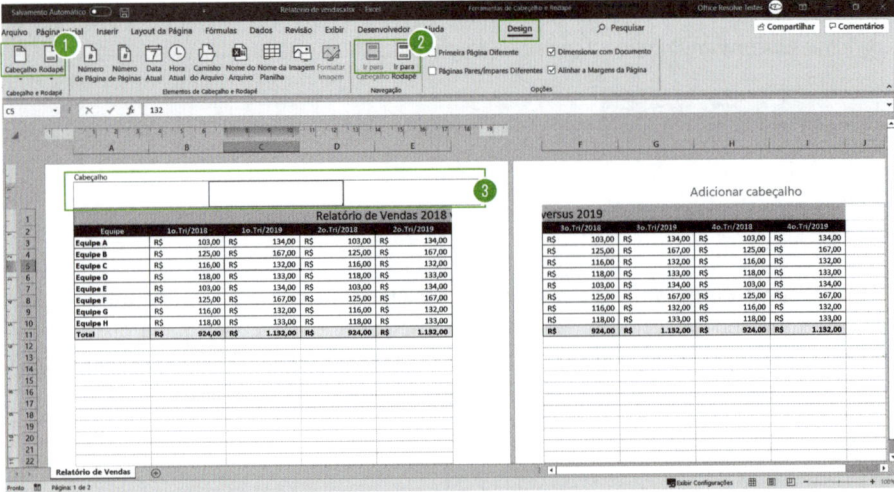

❶ As duas primeiras opções oferecem modelos predefinidos de cabeçalho e rodapé. ❷ Use esses botões para alternar entre *Cabeçalho* e *Rodapé*. ❸ Em cada página, aparecerão os campos de inclusão de cabeçalho, por padrão dividido em três partes. O que foi incluído em uma das páginas será incluído em todas.

Configuração de impressão

O Excel ainda oferece outra forma de configurar a página para impressão, que também permite adicionar cabeçalho e rodapé. Não se preocupe em decorar todas essas opções, mas use sempre aquela que achar mais prática, pois o Excel possui caminhos diferentes para atingir o mesmo resultado.

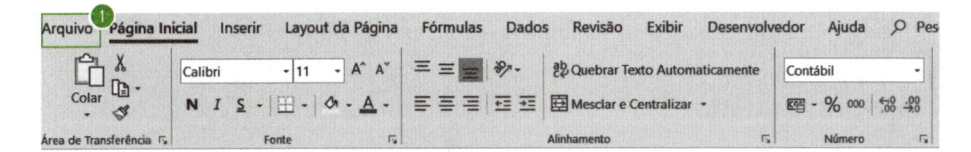

❶ A guia *Arquivo* da *Faixa de Opções* é um pouco diferente das demais guias.

1. Clique na guia *Arquivo* para acessar a opção *Imprimir* e ter acesso às ferramentas de configuração.

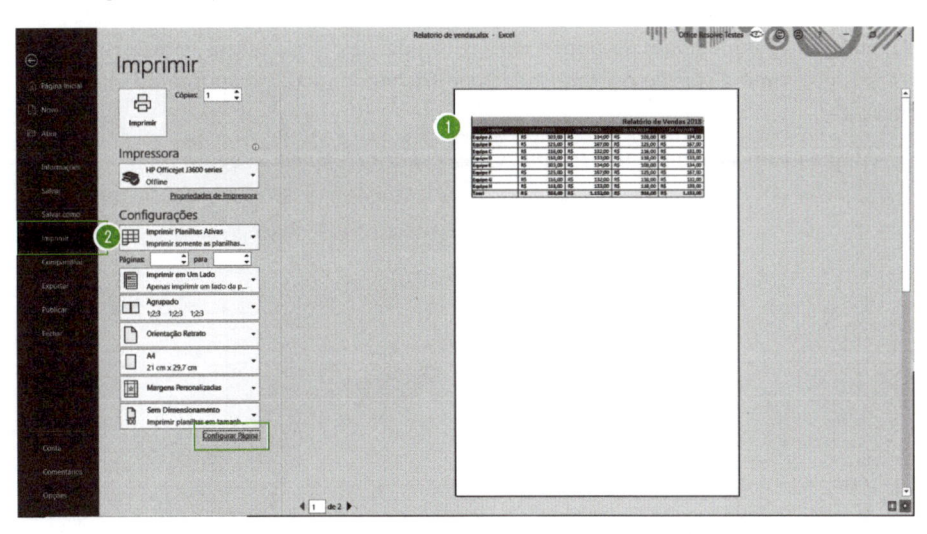

❶ À direita, vemos o layout da planilha impressa. Neste caso, podemos observar que essa planilha não será impressa em uma única página (como já havíamos visto na *Visualização da Quebra de Página*). ❷ À esquerda, temos várias opções rápidas de impressão que podemos usar para definir o resultado desejado. Ao mudar alguma configuração, o resultado será visto no layout da página.

Antes de utilizar as opções de *Configurar Página*, vamos entender os principais itens das configurações de impressão:

- *Cópias*: define o número de cópias que serão feitas da impressão configurada.
- *Impressora*: qual impressora será usada (se houver impressoras em rede, pode ser preciso configurar a impressora antes de conseguir fazer a impressão).
- *Agrupado/Desagrupado*: imprimir cada conjunto de páginas por vez (*Agrupado*) ou imprimir todas as cópias da mesma página em sequência (*Desagrupado*).
- *Retrato/Paisagem*: a impressão será feita com a folha em pé (*Retrato*) ou deitada (*Paisagem*).
- *Tipo de Folha*: escolha o tipo de folha que será usada para impressão. O padrão é *A4*.
- *Margens*: definir as margens na folha no momento da impressão.
- *Dimensionamento*: escolher como a planilha deve ser acomodada na folha no momento da impressão:
    - *Ajustar Planilha em Uma Página*: para sair a planilha inteira em uma única folha.
    - *Ajustar Todas as Colunas em Uma Página*: para imprimir a planilha em muitas folhas, com todas as colunas em cada folha.
    - *Ajustar Todas as Linhas em uma Página*: para imprimir a planilha em muitas folhas, com todas as linhas em cada folha.

Ao clicar em *Propriedades da Impressora*, você poderá definir outras características da impressão, como *Colorido* ou *Branco e Preto* (dependendo da disponibilidade da impressora).

2. Clique na opção *Configurar Página*. O Excel abrirá a janela a seguir:

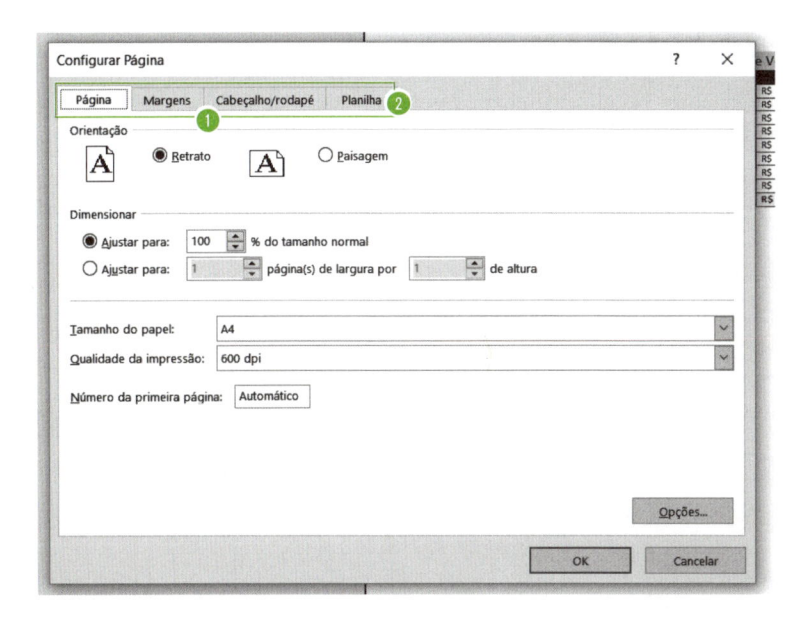

① Há quatro abas com opções para configuração. Note que já vimos algumas delas.
② Uma das opções que já vimos é a aba *Cabeçalho/rodapé*, que apresenta as mesmas possibilidades do modo *Layout da Página*, que vimos no início do capítulo.

Imprimindo com economia

Na janela de configuração da página que vimos no item anterior, algumas opções podem ajudar na economia (de papel e tinta), bem como na economia ambiental (sustentabilidade).

Na aba *Página*, podemos ajustar a impressão para *300 dpi*, se for uma impressão para uso individual, por exemplo.

Na aba *Planilha*, podemos indicar *Qualidade de rascunho* e *Branco e preto*, se não for necessária uma qualidade alta na impressão.

Após determinar todas as configurações, é só clicar no botão *Imprimir*.

SALVANDO A PLANILHA

Aproveitando que estamos na guia *Arquivo*, vamos aprender alguns detalhes sobre a gravação da planilha:

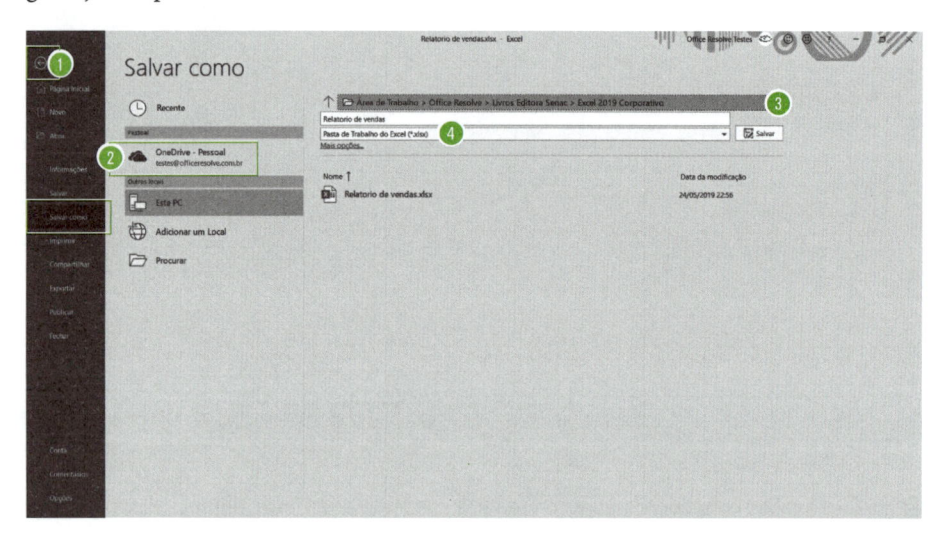

❶ Clique na seta para voltar à planilha. ❷ OneDrive é o serviço da Microsoft de gravação na nuvem. É integrado com o Excel e pode ser uma ótima opção para não ter que gravar a planilha diretamente no PC ou notebook. ❸ Você pode visualizar ou definir o caminho do local onde sua planilha está gravada. Caso queira salvar em outra pasta, clique sobre o caminho mostrado aqui. ❹ Visualize ou altere o nome da planilha e o tipo de arquivo (pode ser necessário salvar em outro formato por questões de compatibilidade ou para suportar macros).

Para quem já trabalhava com as versões anteriores do Excel, pode ser mais fácil acessar a caixa de diálogo *Salvar como*, ou então clicar em *Mais opções* ou na linha que exibe o caminho onde a planilha está gravada. A figura a seguir mostra a caixa de diálogo *Salvar como*:

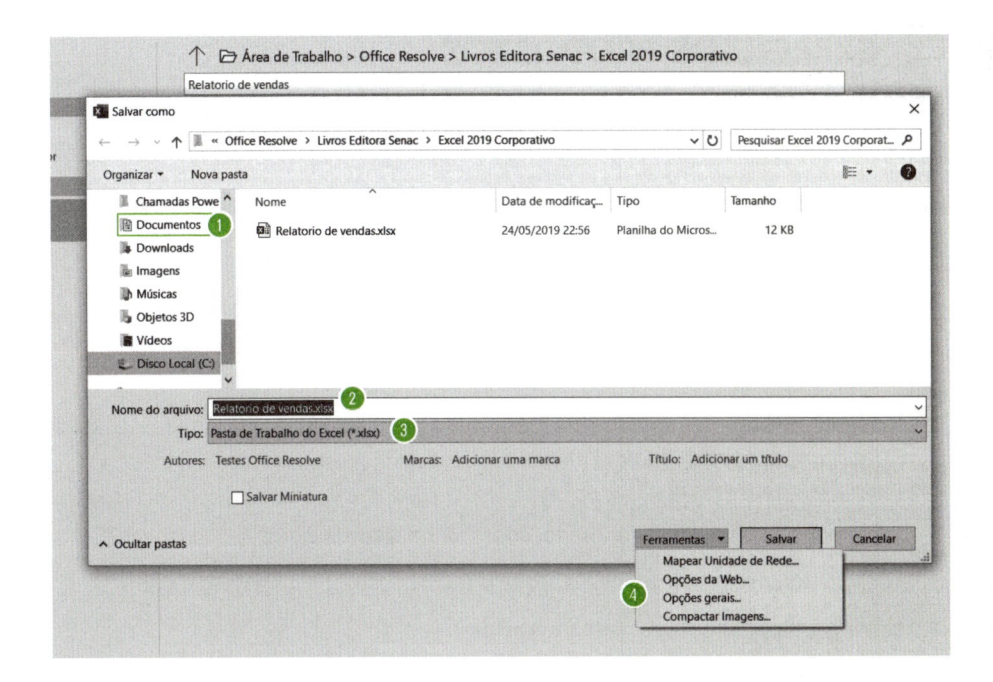

① Escolha o local para a gravação. ② Escolha o nome do arquivo. ③ Escolha o tipo de arquivo. ④ Use *Opções gerais* para adicionar uma senha caso precise proteger a planilha.

Proteção aos dados e políticas de backup

Escolher adequadamente os parâmetros de gravação é muito importante. Nas empresas, na maior parte das vezes, a melhor opção é salvar a planilha na rede corporativa para facilitar o acesso e garantir a segurança das informações. A rede corporativa costuma ter um backup periódico, mas a sua máquina de trabalho, muitas vezes, não está incluída nesse backup. Conheça a política de proteção de dados da empresa em que trabalha, para saber se é permitido ou não usar gravação na nuvem (como o OneDrive). Você também pode manter mais de uma versão da planilha (uma na sua máquina e uma na rede corporativa, por exemplo), mas tome muito cuidado para não criar problemas com as versões e perder atualizações importantes.

EXERCÍCIOS PROPOSTOS

Agora que já temos todas as informações necessárias para ajustar a visualização e a impressão, vamos fazer alguns exercícios com a planilha *Relatório de Vendas*:

1. Ajuste o zoom de forma que consiga ver toda a planilha em uma tela apenas.
2. Verifique se estão presentes duas colunas para cada trimestre.
3. Congele as duas primeiras linhas e a primeira coluna usando *Congelar Painéis*.
4. Verifique quantas páginas estão sendo usadas pela planilha, por meio do modo *Visualização da Quebra de Página*.
5. Configure a página como *Paisagem* e delimite a planilha a uma única folha usando a opção *Ajustar planilha em uma página*.
6. Insira um *Cabeçalho* e coloque a palavra *Confidencial* na caixa da esquerda, a data no meio e o número da página à direita, como na imagem a seguir.
7. Insira um *Rodapé* com o nome do arquivo no meio, como na imagem a seguir.
8. Salve a planilha (se quiser, insira uma senha).

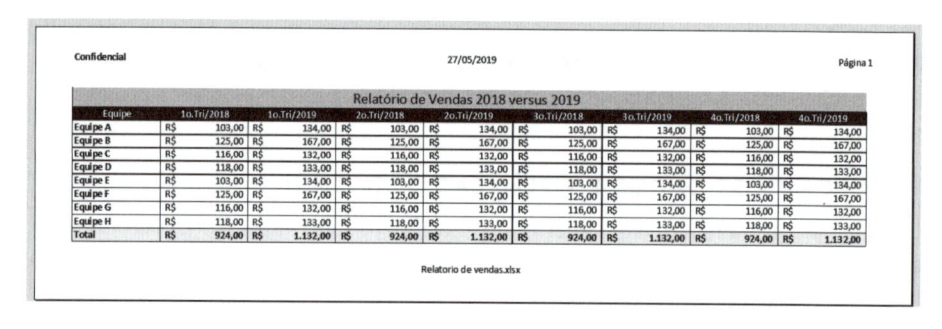

Confidencial						27/05/2019						Página 1
Relatório de Vendas 2018 versus 2019											
Equipe	1o.Tri/2018		1o.Tri/2019		2o.Tri/2018		2o.Tri/2019		3o.Tri/2018		3o.Tri/2019	4o.Tri/2018	4o.Tri/2019
Equipe A	R$	103,00	R$	134,00	R$	103,00	R$	134,00	R$	103,00	R$ 134,00	R$ 103,00	R$ 134,00
Equipe B	R$	125,00	R$	167,00	R$	125,00	R$	167,00	R$	125,00	R$ 167,00	R$ 125,00	R$ 167,00
Equipe C	R$	116,00	R$	132,00	R$	116,00	R$	132,00	R$	116,00	R$ 132,00	R$ 116,00	R$ 132,00
Equipe D	R$	118,00	R$	133,00	R$	118,00	R$	133,00	R$	118,00	R$ 133,00	R$ 118,00	R$ 133,00
Equipe E	R$	103,00	R$	134,00	R$	103,00	R$	134,00	R$	103,00	R$ 134,00	R$ 103,00	R$ 134,00
Equipe F	R$	125,00	R$	167,00	R$	125,00	R$	167,00	R$	125,00	R$ 167,00	R$ 125,00	R$ 167,00
Equipe G	R$	116,00	R$	132,00	R$	116,00	R$	132,00	R$	116,00	R$ 132,00	R$ 116,00	R$ 132,00
Equipe H	R$	118,00	R$	133,00	R$	118,00	R$	133,00	R$	118,00	R$ 133,00	R$ 118,00	R$ 133,00
Total	R$	924,00	R$	1.132,00	R$	924,00	R$	1.132,00	R$	924,00	R$ 1.132,00	R$ 924,00	R$ 1.132,00

Relatorio de vendas.xlsx

ANOTAÇÕES

ANOTAÇÕES

4
Fazendo cálculos

Existem vários recursos do Excel que foram desenvolvidos especialmente para facilitar a tarefa de fazer e apresentar cálculos simples e complexos.

ENTENDENDO A LÓGICA DE CÁLCULOS COM O EXCEL

É importante compreender dois conceitos básicos para fazer cálculos no Excel.

Usando o sinal de =

A forma de dizer ao Excel que determinada célula conterá um cálculo é iniciar a digitação com o sinal de =. Observe que o formato dos cálculos no Excel é um pouco diferente daqueles feitos em uma calculadora: na calculadora, digitamos *10+10=* para obter o resultado *20*, enquanto no Excel digitamos *=10+10* para que a célula exiba o resultado *20*.

Referenciar células

Referenciar uma célula é usar o seu nome, por exemplo, *A1*, *B7* ou *C5*, nas fórmulas começadas com o sinal de =. Ao fazer isso, o Excel busca o valor armazenado naquela célula para realizar o cálculo.

Por exemplo, se você digitar *=A1* em uma célula, ela buscará o valor que está armazenado na célula *A1*. É importante saber que essa referência não poderia ser digitada na própria célula *A1*, porque isso criaria uma *referência circular*.

Juntando o uso do sinal de = com o uso de referências (que é a forma mais correta de fazer cálculos no Excel), teremos fórmulas do tipo *=A1+A2*, representando a soma de *A1* a *A2*.

Os operadores matemáticos e a ordem de cálculo

Para elaborar as fórmulas, devemos usar operadores matemáticos e respeitar sua precedência. Isso significa que, por exemplo, uma multiplicação sempre deverá ser resolvida antes de uma soma, respeitando as regras matemáticas de ordem de cálculo. Assim, se escrevêssemos a fórmula *=A1+A2*A3*, o Excel primeiro resolveria *A2*A3*, e depois somaria o valor de *A1* ao resultado da primeira conta. Para alterar essa precedência, podemos usar os parênteses de maneira a fixar quais cálculos devem ser feitos antes.

A tabela abaixo mostra os operadores, bem como a ordem de resolução dos cálculos:

Ordem	Operador	O que representa
1	^	*Potência*: o sinal de acento circunflexo representa um número elevado a uma potência. Por exemplo, *=2^2* representa 2 elevado ao quadrado.

(cont.)

2	*	*Multiplicação*: o asterisco indica que dois números devem ser multiplicados entre si.
2	/	*Divisão*: a barra indica que um número deve ser dividido pelo outro. A multiplicação e a divisão têm a mesma precedência na ordem de cálculo.
3	+	*Soma*: o sinal de mais representa uma soma.
3	−	*Subtração*: o sinal de menos representa uma subtração. A subtração e a soma têm a mesma precedência na ordem de cálculo.

CRIANDO MÉDIA DE VENDAS COM FÓRMULAS

Agora, vamos praticar na nossa planilha de vendas e incluir uma linha de média abaixo da linha de total usando o recurso de fórmulas.

1. Na célula *A12*, digite o rótulo *Média das Equipes*.
2. Na célula *B12*, digite a fórmula *=(b3+b4+b5+b6+b7+b8+b9+b10)/8* e pressione *Enter*.
3. O Excel vai apresentar ao final da digitação o valor *R$ 115,50*. Essa é a média do *1o. Tri/2018*.
4. Selecione a célula *B12* e use *CTRL + C* para copiar a fórmula.
5. Selecione as células *C12* até *I12* e use *CTRL + V* para colar a fórmula.
6. Sua planilha deve estar como a da figura abaixo:

	A	B	C	D	E	F	G	H	I
1				Relatório de Vendas 2018 versus 2019					
2	Equipe	1o.Tri/2018	1o.Tri/2019	2o.Tri/2018	2o.Tri/2019	3o.Tri/2018	3o.Tri/2019	4o.Tri/2018	4o.Tri/2019
3	Equipe A	R$ 103,00	R$ 134,00	R$ 103,00	R$ 134,00	R$ 103,00	R$ 134,00	R$ 103,00	R$ 134,00
4	Equipe B	R$ 125,00	R$ 167,00	R$ 125,00	R$ 167,00	R$ 125,00	R$ 167,00	R$ 125,00	R$ 167,00
5	Equipe C	R$ 116,00	R$ 132,00	R$ 116,00	R$ 132,00	R$ 116,00	R$ 132,00	R$ 116,00	R$ 132,00
6	Equipe D	R$ 118,00	R$ 133,00	R$ 118,00	R$ 133,00	R$ 118,00	R$ 133,00	R$ 118,00	R$ 133,00
7	Equipe E	R$ 103,00	R$ 134,00	R$ 103,00	R$ 134,00	R$ 103,00	R$ 134,00	R$ 103,00	R$ 134,00
8	Equipe F	R$ 125,00	R$ 167,00	R$ 125,00	R$ 167,00	R$ 125,00	R$ 167,00	R$ 125,00	R$ 167,00
9	Equipe G	R$ 116,00	R$ 132,00	R$ 116,00	R$ 132,00	R$ 116,00	R$ 132,00	R$ 116,00	R$ 132,00
10	Equipe H	R$ 118,00	R$ 133,00	R$ 118,00	R$ 133,00	R$ 118,00	R$ 133,00	R$ 118,00	R$ 133,00
11	Total	R$ 924,00	R$ 1.132,00	R$ 924,00	R$ 1.132,00	R$ 924,00	R$ 1.132,00	R$ 924,00	R$ 1.132,00
12	Média das Equipes	R$ 115,50	R$ 141,50	R$ 115,50	R$ 141,50	R$ 115,50	R$ 141,50	R$ 115,50	R$ 141,50

Fizemos um bom trabalho e a planilha está funcionando, mas veremos no próximo item que talvez essa não seja a melhor forma de obter as médias.

FÓRMULAS *VERSUS* FUNÇÕES

Ao executar o passo a passo para incluir a média das equipes no item anterior, é provável que você tenha achado o processo muito trabalhoso e complicado. Além disso, se o número de equipes aumentar, será difícil manter a média atualizada. É por isso que o Excel tem outro recurso que facilita a composição de cálculos mais elaborados: as funções.

As funções são formatos de cálculo previamente definidos, nos quais informamos apenas os parâmetros. É como se, em vez de o usuário montar a fórmula da média das equipes, o Excel já o fizesse sozinho a partir de um comando simples. É para isso que temos a função *MÉDIA*.

Experimente substituir a fórmula da célula *B13* por *=MÉDIA(B3:B10)*. Você verá que o resultado é o mesmo, *R$ 115,50*, mas é muito mais simples inserir a função do que a fórmula. Depois disso, copie e cole a função para as demais células, de *C12* até *I12*.

REFERÊNCIAS RELATIVAS *VERSUS* REFERÊNCIAS ABSOLUTAS

Selecione a célula *D12* e observe a *Barra de Fórmulas*:

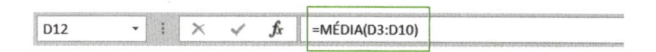

| D12 | ▼ | : | × | ✓ | *fx* | =MÉDIA(D3:D10) |

Você perceberá que o Excel automaticamente deslocou as referências da função que você digitou originalmente. Isso é um recurso chamado de referências relativas e significa que o Excel sempre buscará ajustar a fórmula ou função para que, ao usar o recurso *Colar*, as referências continuem funcionando. Esse recurso é bastante útil na maioria das situações, mas será que sempre nos ajuda? Vamos ver no exemplo a seguir.

Consideremos que as equipes ganham um bônus equivalente a 10% da média de vendas, mas esse percentual pode ser ajustado a cada ano. Vamos criar uma segunda planilha, seguindo os passos do item a seguir.

CRIAR O BÔNUS TRIMESTRAL SELECIONANDO AS REFERÊNCIAS

1. Clique no botão *Nova planilha*.

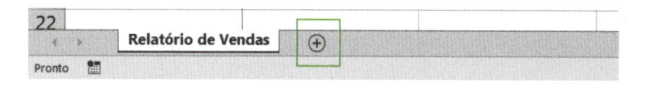

2. Clique duas vezes sobre a aba *Planilha1* e renomeie a planilha para *Bônus Anual Equipes*.

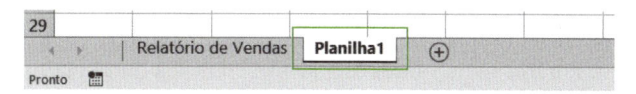

Usando os conhecimentos que adquiriu até agora, monte essa nova planilha conforme a figura a seguir.

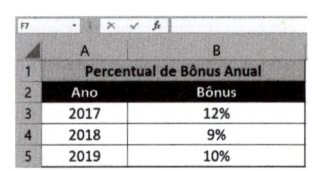

	A	B
1	Percentual de Bônus Anual	
2	Ano	Bônus
3	2017	12%
4	2018	9%
5	2019	10%

3. De volta ao *Relatório de Vendas*, clique na célula *A13* e digite *Bônus Trimestral*.

4. Selecione a célula *B13* e digite =. Em seguida, selecione a célula *B12*.

5. Observe que o Excel automaticamente preenche a célula *B13* com a referência *B12*, ficando assim:

11	Total	R$	924,00	R$	1.132,00	R$
12	Média das Equipes	R$	115,50	R$	141,50	R$
13	Bônus Trimestral	=B12				
14						

6. A célula está aberta para edição. Siga estritamente os passos a seguir, sem clicar em qualquer outro lugar nem digitar nada a mais do que as instruções pedem (caso algo saia errado, pressione *Enter* para fechar a célula e comece novamente do passo 4).

7. Digite * (que é o sinal de multiplicação).

8. Clique na planilha *Bônus Anual Equipes*.

9. Selecione a célula *B4* (onde está o percentual de bônus de 2018).

10. Tecle *Enter* (não clique para voltar para a planilha original, tecle apenas *Enter*, e o Excel voltará sozinho).

11. A célula *B13* deve apresentar o valor *R$ 10,40*.

12. Com a célula *B13* selecionada, observe a *Barra de Fórmulas*:

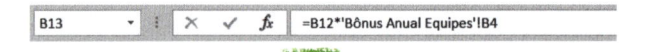

B13 =B12*'Bônus Anual Equipes'!B4

Observe pela *Barra de Fórmulas* que criamos um tipo de referência diferente. Perceba que a referência *B4* indica a célula *B4* da mesma planilha onde a referência foi digitada, ao passo que a referência *'Bônus Anual Equipes'!B4* indica a célula *B4* da planilha *Bônus Anual Equipes*, independente da planilha onde a referência tenha sido digitada.

Sabendo desse novo tipo de referência, vamos compor a fórmula do bônus do primeiro trimestre de 2019 na célula *C13*. Porém, agora vamos digitar a referência à outra planilha (o resultado é exatamente o mesmo, vamos apenas aprender uma forma diferente de fazer a mesma coisa).

Criar o bônus trimestral digitando as referências

1. Selecione a célula *C13*.
2. Digite a fórmula *=C12*'Bônus Anual Equipes'!B5*.
3. Tecle *Enter*.

O Excel mostrará o valor *R$ 14,15*. Porém, observe que na barra não é mostrado o valor, mas a fórmula:

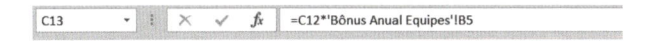

| C13 | ▼ | : | × | ✓ | *fx* | =C12*'Bônus Anual Equipes'!B5 |

Quando usar referências absolutas

Agora, vamos criar as informações de bônus anual para os demais trimestres copiando as duas fórmulas originais:

1. Selecione o intervalo *B13:C13*.
2. Copie as fórmulas usando o atalho *CTRL + C*.
3. Selecione o intervalo *D13:I13*.
4. Cole as fórmulas usando o atalho *CTRL + V*.

Observe o resultado da colagem:

11	Total	R$	924,00	R$	1.132,00	R$	924,00	R$	1.132,00	R$	924,00	R$	1.132,00	R$	924,00	R$	1.132,00
12	Média das Equipes	R$	115,50	R$	141,50	R$	115,50	R$	141,50	R$	115,50	R$	141,50	R$	115,50	R$	141,50
13	Bônus Trimestral	R$	10,40	R$	14,15	R$	-	R$	-	R$	-	R$	-	R$	-	R$	-

5. Aparentemente, algo deu errado. Clique na célula *D13* e veja a fórmula que aparece na *Barra de Fórmulas*:

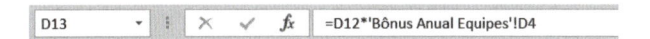

| D13 | ▼ | : | × | ✓ | *fx* | =D12*'Bônus Anual Equipes'!D4 |

Acontece que o Excel, ao colar a fórmula da célula *B13* para a *D13*, deslocou a referência de *'Bônus Anual Equipes'!B4* para *'Bônus Anual Equipes'!D4*, colocando a referência fora da célula que precisamos. Para manter a referência sempre como *'Bônus Anual Equipes'!B4*, temos o recurso *referência absoluta*, que impede o deslocamento da referência.

6. Altere a célula *B13* para *=B12*'Bônus Anual Equipes'!$B$4*.
7. Altere a célula *C13* para *=C12*'Bônus Anual Equipes'!$B$5*.
8. Selecione o intervalo *B13:C13*.
9. Copie as fórmulas digitando *CTRL + C*.
10. Selecione o intervalo *D13:I13*.
11. Cole as fórmulas digitando *CTRL + V*.

Observe que agora os valores de bônus estão corretos!

Ao colocar o símbolo de cifrão ($) na frente da coluna e da linha na referência da célula, o Excel mantém a linha e a coluna fixas quando copiamos e colamos a fórmula ou função. Existem três tipos de referências absolutas/mistas:

Referência	O que representa
$A$1	*Referência absoluta*: a referência é absoluta para a linha e a coluna. Onde quer que seja colada a fórmula ou função, a referência permanecerá igual.
$A1	*Referência absoluta para coluna e relativa para linha*: a coluna será sempre mantida (neste exemplo, sempre será A), mas a referência da linha será deslocada para a linha onde for colada.
A$1	*Referência absoluta para linha e relativa para coluna*: a linha será sempre mantida (neste exemplo, sempre será 1), mas a referência da coluna será deslocada para a coluna onde for colada.

As referências que mesclam referência absoluta com referência relativa são chamadas de referências mistas. Para alterar entre os tipos de referência, no momento da digitação, pode-se usar a tecla *F4*.

CRIANDO CÁLCULOS COM PERCENTUAL (%)

Cálculos que usam porcentagem costumam ser um desafio na hora de montar uma planilha; por esse motivo, vamos ver os principais tipos de cálculo com percentual:

	A	B	C	D		
1	Desconto de um produto:					
2	Produto	Valor	Desconto	Valor Final		Fórmula
3	Caderno	R$ 20,00	5%	R$ 19,00		=B3-(B3*C3)
4						
5	Aumento pela inflação					
6	Produto	Valor	Inflação	Valor final		Fórmula
7	Geladeira	R$ 2.300,00	3,5%	R$ 2.380,50		=B7+(B7*C7)
8						
9	Quanto foi o aumento					
10	Produto	Valor Antes	Valor Depois	Aumento %		Fórmula
11	Carro	R$ 35.000,00	R$ 39.500,00	12,86%		=(C11/B11)-1

EXERCÍCIOS PROPOSTOS

1. Crie uma planilha chamada *Detalhes Equipe A*.
2. Com os conhecimentos adquiridos até agora, faça uma planilha igual à da figura a seguir:

	A	B	C	D	E	F
1	Detalhamento de Vendas					
2	Produto	Valor	Quantidade	Valor Vendido	Desconto Aplicado	Valor Final
3	Caneta	R$ 4,30	23	R$ 98,90	30%	R$ 69,23
4	Papel	R$ 0,50	36	R$ 18,00	21%	R$ 14,22
5	Lápis	R$ 2,50	27	R$ 67,50	25%	R$ 50,63
6	Total	R$ 7,30	86	R$ 184,40	25%	R$ 134,08

3. Os valores dos produtos são digitados diretamente (não são fórmulas).
4. As quantidades dos produtos são digitadas diretamente (não são fórmulas).
5. A célula *D3* deve conter a fórmula *=B3*C3*.
6. Copie a fórmula e cole nas células *D4* e *D5*.
7. Os descontos aplicados são digitados diretamente (não são fórmulas).
8. O *Valor Final* na célula *F3* é dado pela fórmula *=D3-(D3*E3)*.
9. Copie a fórmula e cole-a nas células *F4* e *F5*.
10. A fórmula da célula *B6* deve ser *=SOMA(B3:B5)*.
11. A fórmula da célula *C6* deve ser *=SOMA(C3:C5)*.
12. A fórmula da célula *D6* deve ser *=SOMA(D3:D5)*.
13. A fórmula da célula *E6* deve ser *=MÉDIA(E3:E5)*.
14. A fórmula da célula *F6* deve ser *=SOMA(F3:F5)*.

ANOTAÇÕES

5
Funções mais usadas

INTRODUÇÃO SOBRE O USO DE FUNÇÕES

Como vimos no capítulo anterior, as funções são recursos que facilitam cálculos e procedimentos predeterminados, por exemplo, somas ou médias. Uma informação importante é que as funções no Excel são divididas em categorias, que podem ajudar a localizar uma função adequada ao problema a ser resolvido. A seguir, veremos as principais categorias:

- *Funções matemáticas e trigonométricas*: funções que facilitam a utilização de cálculos matemáticos, por exemplo, SOMA, SOMASE, PRODUTO, SOMARPRODUTO; e funções relacionadas à trigonometria, por exemplo, SEN (seno), COS (cosseno), entre outras.
- *Funções estatísticas*: funções relacionadas a cálculos estatísticos, por exemplo, MÉDIA, DESV.MÉDIO, MÁXIMO, MÍNIMO, entre outras.
- *Funções de data e hora*: funções que facilitam o trabalho com informações de tempo, por exemplo, HOJE, AGORA, DIATRABALHOTOTAL, DIA.DA.SEMANA, entre outras.
- *Funções de texto*: funções para manipular texto na planilha, por exemplo, CONCATENAR, MAIÚSCULA, MINÚSCULA, LOCALIZAR, SUBSTITUIR, entre outras.
- *Funções de pesquisa e referência*: funções que ajudam a localizar informações na planilha e fazer referências entre essas informações ou até mesmo entre planilhas. Esta categoria, junto com a de funções lógicas, contém as funções mais usadas para resolver problemas um pouco mais complexos no mundo corporativo, por exemplo, PROCV, ÍNDICE, CORRESP, entre outras de fundamental importância para o seu desenvolvimento profissional.
- *Funções lógicas*: contêm as funções que manipulam valores lógicos, tais como SE, OU, SEERRO, entre outras. Assim como as funções de pesquisa e referência, são fundamentais para os profissionais que usam Excel.
- *Funções financeiras*: esta categoria é um pouco mais específica e ajuda os profissionais que trabalham com cálculos financeiros. Contém funções como JUROSACUM, VF (valor futuro), VP (valor presente), entre outras.
- *Funções de banco de dados*: são especiais para trabalhar nas planilhas como num banco de dados. Algumas vezes, são similares às de outras categorias, por exemplo, BDSOMA e BDMÉDIA, entre outras.

Complexidade no uso de funções

O Excel possui aproximadamente 500 funções diferentes, por isso é muito difícil encontrar um profissional que domine todas elas. Até porque algumas delas são específicas para determinados ramos de atuação, como as funções financeiras. Com isso, os profissionais devem procurar concentrar-se em algumas funções mais básicas e posteriormente verificar aquelas que são mais apropriadas ao seu ramo de atuação. Neste capítulo, veremos as funções mais utilizadas, bem como as dicas e regras que se aplicam às funções em geral. Ao final do livro, apresentaremos uma série de exercícios propostos que o ajudarão a conhecer outras funções.

Função SOMA e a estrutura básica do uso de funções

O primeiro ponto a ser destacado é que podem existir algumas diferenças sutis no uso de funções, dependendo do idioma do seu Excel. Dessa forma, os usos mostrados neste livro serão baseados na versão do Office em português (BR).

Vamos recapitular como escrever uma função simples:

Iniciar com	Nome da função	Parêntese	Parâmetros	Parêntese
=	SOMA	(	A2:C2	)

Neste caso, temos uma função *SOMA* com um único parâmetro, que é o intervalo *A2:C2*. Como vimos no Capítulo 1, um intervalo é um conjunto de células, que aqui refere-se a *A2*, *B2* e *C2*.

Vejamos um segundo exemplo, parecido com o primeiro:

Iniciar com	Nome da função	Parêntese	Parâmetros	Parêntese
=	SOMA	(	A2;C2	)

Aqui, embora de forma sutil, muita coisa mudou. Temos agora uma função *SOMA* com dois parâmetros, cada um indicando uma célula específica. Diferente da função mostrada no exemplo anterior, estamos pedindo a soma das células *A2* e *C2*.

O Excel aceita vários parâmetros para a função *SOMA*, então poderíamos ter, por exemplo, algo parecido com a seguinte função (embora não seja muito comum): =*SOMA(A2:C2;A3:C3;D5:F5)*.

Observe que cada dois pontos (:) indica um intervalo, enquanto cada ponto e vírgula (;) indica um novo parâmetro. Temos, portanto, três intervalos como parâmetros: *A2:C2*, *A3:C3* e *D5:F5*. Seria equivalente à fórmula =*A2+B2+C2+A3+B3+C3+D5+E5+F5*.

Lembre-se também que podemos usar referências relativas (como as utilizadas nos exemplos acima), referências absolutas, ou mesmo mistas.

Funções matemáticas: *SOMA, MULT, SOMARPRODUTO*

Agora que já entendemos melhor os fundamentos do uso das funções e conhecemos bem a função *SOMA*, vamos fazer algumas alterações na planilha *Detalhes Equipe A* que criamos no Capítulo 4, usando as seguintes funções:

- *MULT*: efetua a multiplicação de um ou mais intervalos (ou células).
- *SOMARPRODUTO*: efetua a multiplicação de uma lista de valores e depois soma os resultados.

	A	B	C	D	E	F
1	Detalhamento de Vendas					
2	Produto	Valor	Quantidade	Valor Vendido	Desconto Aplicado	Valor Final
3	Caneta	R$ 4,30	23	R$ 98,90	30%	R$ 69,23
4	Papel	R$ 0,50	36	R$ 18,00	21%	R$ 14,22
5	Lápis	R$ 2,50	27	R$ 67,50	25%	R$ 50,63
6	Total	R$ 7,30	86	R$ 184,40	25%	R$ 134,08

1. Substitua a fórmula da coluna *D* pela função *MULT*.
2. Selecione a célula *D3* e insira a função =*MULT(B3:D3)*.
3. Usando a alça de preenchimento, clique, mantenha o botão do mouse pressionado e arraste a fórmula para as células das linhas *4* e *5*, conforme a imagem a seguir:

Valor Vendido
R$ 98,90
R$ 18,00
R$ 67,50
R$ 184,40

A alça de preenchimento está localizada no canto inferior direito da célula e funciona de forma semelhante aos comandos CTRL + C e CTRL + V. Observe que, ao aproximar o mouse da alça de preenchimento, o cursor muda do formato-padrão ✥ para ✚.

4. Substitua a fórmula da célula *D6* pela função *SOMARPRODUTO*.
5. Selecione a célula *D6* e insira a função =*SOMARPRODUTO(B3:B5;C3:C5)*.
6. O resultado da planilha é igual ao resultado com fórmulas, mas, quando temos planilhas maiores, é mais fácil usar as funções por aceitarem intervalos.

Funções estatísticas: *MÁXIMO, MÍNIMO, MÉDIA*

Já usamos a função *MÉDIA* no Capítulo 4, quando fizemos as médias das equipes. Vamos utilizar mais duas funções da categoria estatística para verificar o máximo valor vendido pelas equipes e o mínimo. Perceba que essas duas funções são medidas estatísticas que mostram o máximo e o mínimo dentro de um intervalo, e não funções de procura e referência que mostram quem vendeu mais ou menos.

Assim, vamos criar duas linhas novas na planilha *Relatório de Vendas*:

	A	B	C	D	E	F	G	H	I
1	Relatório de Vendas 2018 versus 2019									
2	Equipe	1o.Tri/2018	1o.Tri/2019	2o.Tri/2018	2o.Tri/2019	3o.Tri/2018	3o.Tri/2019	4o.Tri/2018	4o.Tri/2019
3	Equipe A	R$ 103,00	R$ 134,00	R$ 103,00	R$ 134,00	R$ 103,00	R$ 134,00	R$ 103,00	R$ 134,00
4	Equipe B	R$ 125,00	R$ 167,00	R$ 125,00	R$ 167,00	R$ 125,00	R$ 167,00	R$ 125,00	R$ 167,00
5	Equipe C	R$ 116,00	R$ 132,00	R$ 116,00	R$ 132,00	R$ 116,00	R$ 132,00	R$ 116,00	R$ 132,00
6	Equipe D	R$ 118,00	R$ 133,00	R$ 118,00	R$ 133,00	R$ 118,00	R$ 133,00	R$ 118,00	R$ 133,00
7	Equipe E	R$ 103,00	R$ 134,00	R$ 103,00	R$ 134,00	R$ 103,00	R$ 134,00	R$ 103,00	R$ 134,00
8	Equipe F	R$ 125,00	R$ 167,00	R$ 125,00	R$ 167,00	R$ 125,00	R$ 167,00	R$ 125,00	R$ 167,00
9	Equipe G	R$ 116,00	R$ 132,00	R$ 116,00	R$ 132,00	R$ 116,00	R$ 132,00	R$ 116,00	R$ 132,00
10	Equipe H	R$ 118,00	R$ 133,00	R$ 118,00	R$ 133,00	R$ 118,00	R$ 133,00	R$ 118,00	R$ 133,00
11	Total	R$ 924,00	R$ 1.132,00	R$ 924,00	R$ 1.132,00	R$ 924,00	R$ 1.132,00	R$ 924,00	R$ 1.132,00
12	Média das Equipes	R$ 115,50	R$ 141,50	R$ 115,50	R$ 141,50	R$ 115,50	R$ 141,50	R$ 115,50	R$ 141,50
13	Bônus Trimestral	R$ 10,40	R$ 14,15	R$ 10,40	R$ 14,15	R$ 10,40	R$ 14,15	R$ 10,40	R$ 14,15

1. Na célula *A14*, digite *Máximo Vendido*.
2. Na célula *B14*, digite *=MÁXIMO(B3:B10)*.
3. Usando a alça de preenchimento, arraste a fórmula até a célula *I14*.
4. Na célula *A15*, digite *Mínimo Vendido*.
5. Na célula *B15*, digite *=MÍNIMO(B3:B10)*.
6. Usando a alça de preenchimento, arraste a fórmula até a célula *I15*.
7. Selecione a célula *D3* e insira a função *=MULT(B3:D3)*.
8. Para destacar as células abaixo da linha de totais, pinte-as de outra cor. Sua planilha deve estar assim:

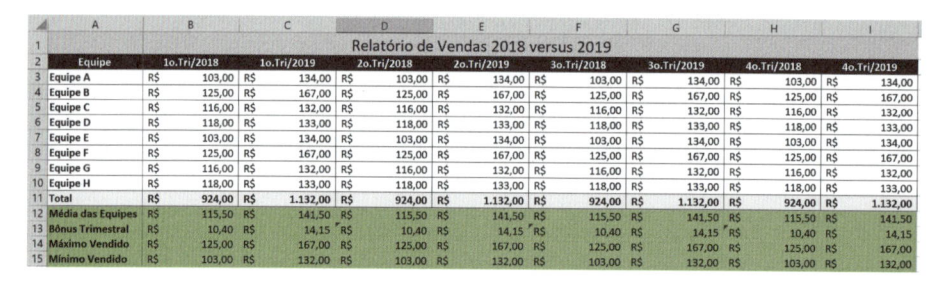

	A	B	C	D	E	F	G	H	I
1	Relatório de Vendas 2018 versus 2019									
2	Equipe	1o.Tri/2018	1o.Tri/2019	2o.Tri/2018	2o.Tri/2019	3o.Tri/2018	3o.Tri/2019	4o.Tri/2018	4o.Tri/2019
3	Equipe A	R$ 103,00	R$ 134,00	R$ 103,00	R$ 134,00	R$ 103,00	R$ 134,00	R$ 103,00	R$ 134,00
4	Equipe B	R$ 125,00	R$ 167,00	R$ 125,00	R$ 167,00	R$ 125,00	R$ 167,00	R$ 125,00	R$ 167,00
5	Equipe C	R$ 116,00	R$ 132,00	R$ 116,00	R$ 132,00	R$ 116,00	R$ 132,00	R$ 116,00	R$ 132,00
6	Equipe D	R$ 118,00	R$ 133,00	R$ 118,00	R$ 133,00	R$ 118,00	R$ 133,00	R$ 118,00	R$ 133,00
7	Equipe E	R$ 103,00	R$ 134,00	R$ 103,00	R$ 134,00	R$ 103,00	R$ 134,00	R$ 103,00	R$ 134,00
8	Equipe F	R$ 125,00	R$ 167,00	R$ 125,00	R$ 167,00	R$ 125,00	R$ 167,00	R$ 125,00	R$ 167,00
9	Equipe G	R$ 116,00	R$ 132,00	R$ 116,00	R$ 132,00	R$ 116,00	R$ 132,00	R$ 116,00	R$ 132,00
10	Equipe H	R$ 118,00	R$ 133,00	R$ 118,00	R$ 133,00	R$ 118,00	R$ 133,00	R$ 118,00	R$ 133,00
11	Total	R$ 924,00	R$ 1.132,00	R$ 924,00	R$ 1.132,00	R$ 924,00	R$ 1.132,00	R$ 924,00	R$ 1.132,00
12	Média das Equipes	R$ 115,50	R$ 141,50	R$ 115,50	R$ 141,50	R$ 115,50	R$ 141,50	R$ 115,50	R$ 141,50
13	Bônus Trimestral	R$ 10,40	R$ 14,15	R$ 10,40	R$ 14,15	R$ 10,40	R$ 14,15	R$ 10,40	R$ 14,15
14	Máximo Vendido	R$ 125,00	R$ 167,00	R$ 125,00	R$ 167,00	R$ 125,00	R$ 167,00	R$ 125,00	R$ 167,00
15	Mínimo Vendido	R$ 103,00	R$ 132,00	R$ 103,00	R$ 132,00	R$ 103,00	R$ 132,00	R$ 103,00	R$ 132,00

AVISO DE ERRO NAS FÓRMULAS

Ao seguir os passos dos exercícios propostos até agora, é provável que várias vezes você tenha percebido um sinal verde no canto superior esquerdo de algumas células.

> 41,50   R$ 115,50   R$ 141,50   R$ 115,50
> 14,1̷   R$ 10,40   R$ 14,15   R$ 10,40
>
> *A fórmula nesta célula é diferente das fórmulas nesta área da planilha.*

❶ Esse sinal aparece nas células em que há alguma possível inconsistência na fórmula ou função inserida. ❷ Ao clicar na célula e posicionar o cursor sobre o ícone de advertência, você pode verificar a mensagem de alerta: *A fórmula nesta célula é diferente das fórmulas nesta área da planilha*. No caso da nossa planilha, o aviso pode ser ignorado, porque a fórmula que fizemos realmente tem diferença no percentual de cada ano. Clique em *Ignorar esse erro*.

Funções de pesquisa e referência: *PROCV*

Ao fazer um curso de Excel, a maioria dos profissionais deseja aprender a usar a função *PROCV*, que procura valores em uma tabela e retorna o próprio valor ou um valor relacionado. Embora normalmente seja abordada apenas em materiais avançados de Excel, vale a pena conhecer essa função. Faremos, contudo, um estudo bem superficial de seu uso.

O nome da função deriva de procura vertical. Existe uma função parecida, um pouco menos conhecida, que faz uma procura horizontal, chamada *PROCH*.

Montaremos agora uma planilha de venda por equipe, onde digitaremos o nome de uma equipe, e os resultados de vendas de cada um dos trimestres serão carregados automaticamente.

1. Usando os conhecimentos adquiridos até agora, monte uma planilha como a da figura a seguir:

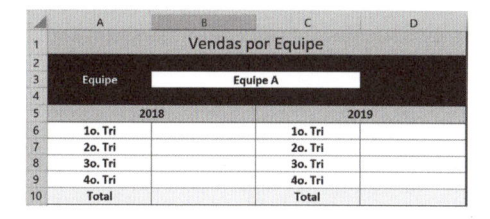

	A	B	C	D
1		Vendas por Equipe		
2				
3	Equipe	Equipe A		
4				
5		2018		2019
6	1o. Tri		1o. Tri	
7	2o. Tri		2o. Tri	
8	3o. Tri		3o. Tri	
9	4o. Tri		4o. Tri	
10	Total		Total	

Nas colunas *B* e *D*, montaremos as funções *PROCV*. Para facilitar, vamos usar a caixa de diálogo *Inserir Função*.

2. Selecione a célula *B6*.

3. Na guia *Fórmulas*, clique em *Inserir Função*.

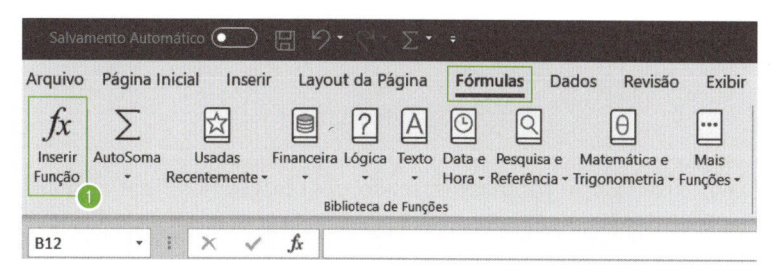

❶ A caixa de diálogo *Inserir Função* pode ser usada para facilitar o uso de qualquer função.

4. Observe algumas características da caixa de diálogo *Inserir Função*.

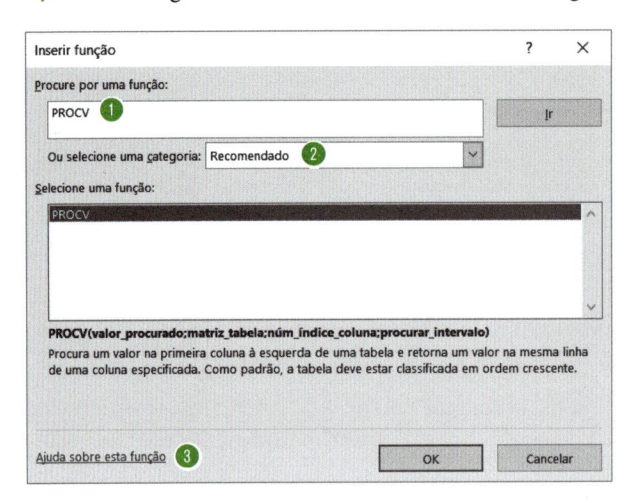

❶ Digite o nome da função desejada e clique no botão *Ir* para achar uma função. ❷ Se preferir, procure por categoria (a maioria delas, vimos no início do capítulo). ❸ A caixa de diálogo mostra a estrutura da função e os parâmetros necessários abaixo do campo de seleção. Se quiser mais informações, clique em *Ajuda sobre esta função*.

5. Depois de selecionar a função *PROCV*, clique em *OK*.

Aparecerá a caixa de diálogo *Argumentos da função*, com as informações específicas da PROCV.

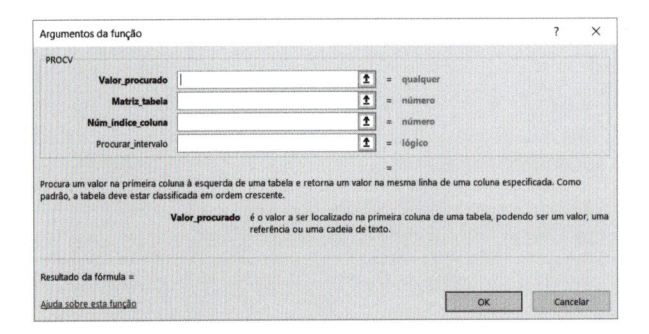

6. A função *PROCV* pede quatro parâmetros, sendo três obrigatórios e um opcional (observe que o parâmetro *Procurar_intervalo* não está em negrito na caixa de diálogo).

7. O parâmetro *Valor_procurado* indica o valor que buscaremos na outra planilha, que neste caso é o nome da equipe (este parâmetro sempre será a informação que conecta as planilhas). Essa informação está na célula *B3*, então digite *B3* no campo *Valor_procurado*).

8. O parâmetro *Matriz_tabela* indica a tabela onde estão localizados o *Valor_procurado* e os valores de retorno (neste caso, na planilha *Relatório de Vendas*). Coloque o cursor sobre o campo *Matriz_tabela*. Em seguida, selecione a planilha *Relatório de Vendas* e selecione o intervalo *A3:I10* (como já vimos, o Excel preencherá com 'Relatório de Vendas'!A3:I10).

9. O parâmetro *Núm_índice_coluna* indica a quantidade de colunas à direita que devemos deslocar para encontrar o valor a ser retornado (como estamos montando a fórmula para o *1o.Tri/2018*, o deslocamento deve ser *2*; perceba que o deslocamento *1* recairia sobre a própria coluna onde encontramos o valor e, portanto, retornaria o próprio valor procurado). Clique sobre o campo *Núm_índice_coluna*, digite *2* (o Excel voltará para a planilha *Vendas por Equipe* automaticamente ao clicar no campo; não clique na aba da planilha para voltar, porque isso estragaria o campo *Matriz_tabela*).

10. O parâmetro *Procurar_intervalo* serve para procurar valores exatamente iguais na outra tabela. Digite *FALSO*, pois *VERDADEIRO* funciona apenas com valores numéricos.

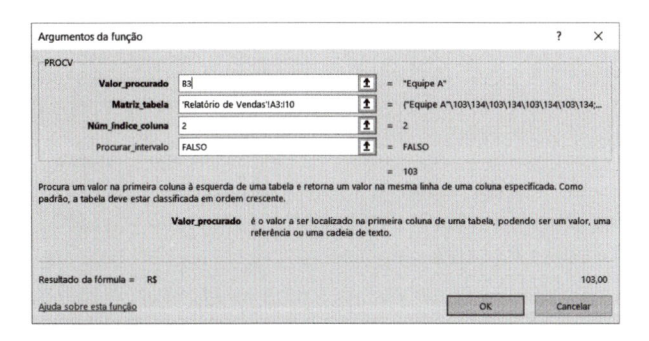

11. Clique em *OK*.

Replicando uma função *PROCV*

Diferentemente das funções mais simples, que podemos facilmente arrastar para copiar, as funções mais avançadas costumam necessitar de um ajuste mais específico no parâmetro *Núm_índice_coluna*.

Temos duas opções:

- fazer o mesmo procedimento para cada uma das funções a serem montadas (usando a caixa de diálogo);
- travar os intervalos como referências absolutas (*Valor_procurado* e *Matriz_tabela*), copiar e colar a função e depois ajustar o parâmetro *Núm_índice_coluna*.

Vamos seguir os passos para ajustar com a segunda opção.

1. Selecione a célula *B6* e, na guia *Fórmulas*, vá novamente em *Inserir Função*.

Vamos alterar as referências para referências absolutas.

2. No campo *Valor_procurado*, altere para *$B$3* (ou pressione a tecla *F4*).

3. No campo *Matriz_tabela*, altere para *'Relatório de Vendas'!$A$3:$I$10* e clique em *OK*.

4. Use a alça de preenchimento (ou *CTRL + C* e *CTRL + V*) e cole a função para as células *B7* até *B9*.

	A	B	C	D
1		Vendas por Equipe		
2				
3	Equipe	Equipe A		
4				
5		2018		2019
6	1o. Tri	R$ 103,00	1o. Tri	
7	2o. Tri	R$ 103,00	2o. Tri	
8	3o. Tri	R$ 103,00	3o. Tri	
9	4o. Tri	R$ 103,00	4o. Tri	
10	Total		Total	

Observe que todas as funções ficaram idênticas. Agora, em cada uma, vamos editar o parâmetro de coluna (lembre-se de usar a tecla *F2* para editar, como aprendemos no Capítulo 2).

5. Selecione a célula *B7* e tecle *F2* para editar a função digitada. De *=PROCV($B$3;'Relatório de Vendas'!$A$3:$I$10;2;FALSO)*, altere para *=PROCV($B$3;'Relatório de Vendas'!$A$3:$I$10;4;FALSO)*.

6. Selecione a célula *B8* e tecle *F2* para editar a função digitada. De *=PROCV($B$3;'Relatório de Vendas'!$A$3:$I$10;2;FALSO)*, altere para *=PROCV($B$3;'Relatório de Vendas'!$A$3:$I$10;6;FALSO)*.

7. Selecione a célula *B9* e tecle *F2* para editar a função digitada. De *=PROCV($B$3;'Relatório de Vendas'!$A$3:$I$10;2;FALSO)*, altere para *=PROCV($B$3;'Relatório de Vendas'!$A$3:$I$10;8;FALSO)*.

O resultado continua igual, já que nossa planilha original também está com valores copiados. Vamos ajustar os dados da planilha original.

8. Selecione a planilha *Relatório de Vendas*.

9. Altere a célula *D3* para *R$ 112,00*.

10. Altere a célula *F3* para *R$ 118,00*.

11. Altere a célula *H3* para *R$ 123,00* e clique em *Salvar*.

12. Volte para a planilha *Vendas por Equipe* e observe que os valores estão alterados.

13. Altere a célula *B3* para *Equipe B* e perceba a mudança na planilha, pois o Excel agora busca os dados de acordo com o nome da equipe.

14. Digite novamente *Equipe A* na célula *B3* e veja como tudo está funcionando (sua planilha deve estar como na figura a seguir).

	A	B	C	D
1		Vendas por Equipe		
2				
3	Equipe	Equipe A		
4				
5		2018		2019
6	1o. Tri	R$ 103,00	1o. Tri	
7	2o. Tri	R$ 112,00	2o. Tri	
8	3o. Tri	R$ 118,00	3o. Tri	
9	4o. Tri	R$ 123,00	4o. Tri	
10	Total		Total	

15. Não se esqueça de salvar a planilha.

Principais erros no uso da PROCV

Como a *PROCV* é uma função um pouco mais avançada, existem alguns pontos muito importantes a observar:

- O parâmetro *Valor_procurado* deve estar na primeira coluna à esquerda na *Matriz_tabela*.
- O parâmetro *Valor_procurado* deve estar idêntico ao valor na *Matriz_tabela*.
- Em caso de erro, verifique se as maiúsculas/minúsculas estão idênticas no valor procurado e nos valores da tabela.
- Persistindo o erro, veja se não há espaços em branco no final de um dos valores da tabela ou do valor procurado (esse é um dos erros mais comuns cometidos por profissionais que acabaram de começar a usar a *PROCV*).

⛶ EXERCÍCIOS PROPOSTOS

Vamos exercitar o que aprendemos complementando a planilha *Vendas por Equipe*.

1. Usando os conhecimentos adquiridos neste capítulo, adicione uma função *SOMA* na célula *B10*, para somar os quatro trimestres de 2018.

2. Seguindo o método de escrita da *PROCV*, ou fazendo colagem e edição, faça *PROCV* nas células *D6* até *D9* para buscar os dados de 2019.

3. As funções devem ficar assim:

    a. *D6*: =PROCV($B$3;'Relatório de Vendas'!$A$3:$I$10;3;FALSO).

    b. *D7*: =PROCV($B$3;'Relatório de Vendas'!$A$3:$I$10;5;FALSO).

    c. *D8*: =PROCV($B$3;'Relatório de Vendas'!$A$3:$I$10;7;FALSO).

    d. *D9*: =PROCV($B$3;'Relatório de Vendas'!$A$3:$I$10;9;FALSO).

4. Adicione uma função *SOMA* na célula *D10*, para somar os quatro trimestres de 2019.

5. Clique em *Salvar*.

ANOTAÇÕES

ANOTAÇÕES

6
Criando gráficos

VISUALIZANDO OS DADOS GRAFICAMENTE

O tempo é hoje um grande desafio para as empresas. Os gestores têm de tomar decisões cada vez mais rápido e com menor grau de certeza, dado o grande número de informações disponíveis e a rapidez com que as informações mudam. É por isso que a capacidade de transformar dados em informações é cada vez mais valorizada. Nesse sentido, a capacidade do Excel de transformar dados numéricos em informações visuais é fundamental para valorizar a atuação profissional.

O Excel tem ferramentas que facilitam muito a tarefa de criar gráficos eficientes, por exemplo, *Gráficos Recomendados*.

Vamos usar a planilha *Relatório de Vendas* para testar essa funcionalidade:

1. Selecione o intervalo *A2:I10*.
2. Na guia *Inserir*, clique em *Gráficos Recomendados*.

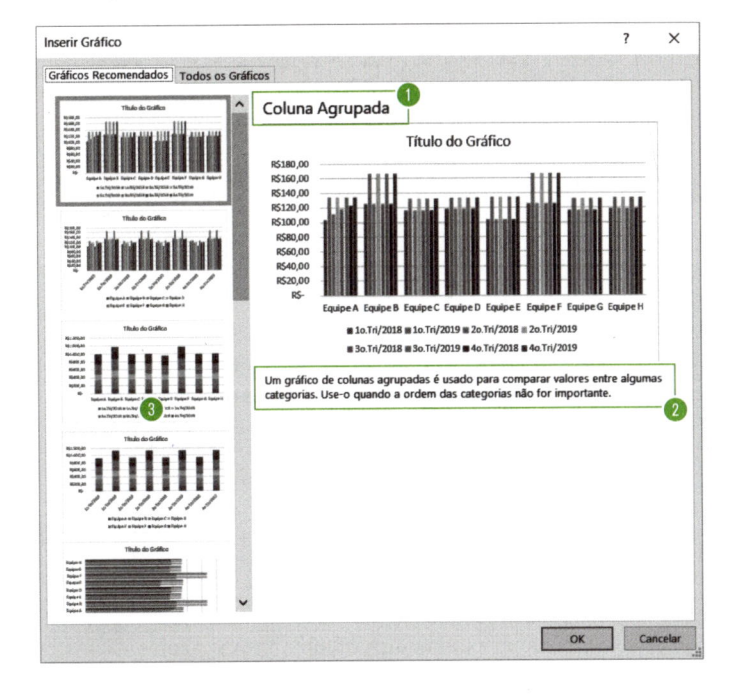

❶ Tipo do gráfico que foi selecionado no painel à esquerda. ❷ Abaixo do modelo de gráfico, é exibida uma descrição do tipo de gráfico para auxiliar sua escolha. ❸ Neste painel, são apresentados os gráficos mais adequados aos dados que serão mostrados.

3. Escolha a terceira opção de gráfico, *Coluna Empilhada,* e clique em *OK*.

Observe que o Excel incluiu o gráfico diretamente na planilha, da mesma maneira que quando inserimos uma figura. Há agora um objeto na sua planilha, que você pode deslocar ou redimensionar arrastando pelas bordas, assim como faz com uma janela de qualquer aplicativo.

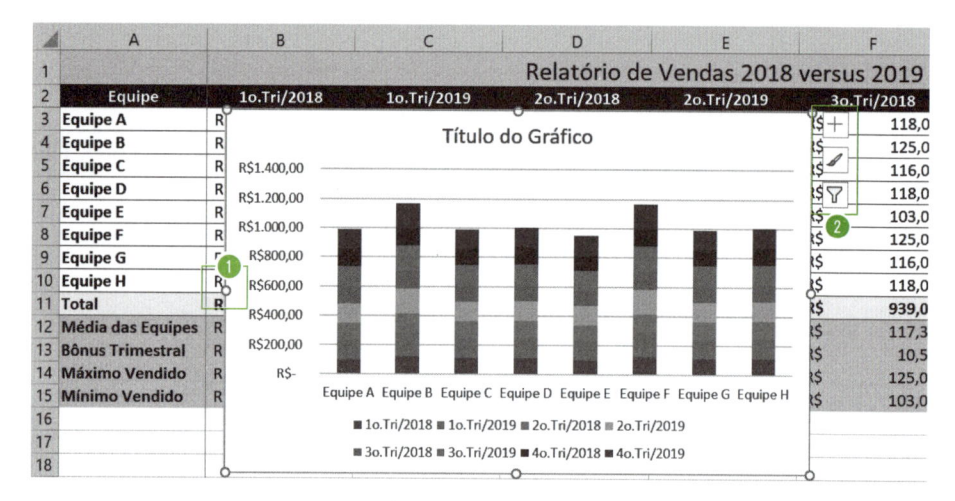

❶ Use esses pontos em destaque na borda do gráfico para redimensioná-lo. ❷ Aqui vemos os três botões de edição rápida: *Elementos do Gráfico, Estilos de Gráfico* e *Filtros de Gráfico*.

- *Elementos do Gráfico*: permite editar cada um dos componentes do gráfico (títulos, rótulos, legenda, etc.).

- *Estilos de Gráfico*: permite fazer rápidas alterações na aparência do gráfico por meio de estilos predefinidos.

- *Filtros de gráfico*: permite escolher os dados que devem aparecer no gráfico. Você pode escolher, por exemplo, mostrar os dados de apenas uma das equipes.

Visualizando o gráfico como uma planilha

Quando estiver editando um gráfico, é importante verificar se o melhor tipo de visualização é como um objeto (assim como fizemos até agora) ou como uma nova planilha. Vamos usar o menu de contexto para visualizar o gráfico como uma planilha:

1. Clique com o botão direito do mouse sobre o gráfico e escolha a opção *Mover Gráfico*.

2. Outra maneira de fazer isso é selecionar o gráfico e acessar a guia *Design*, que está em *Ferramentas de Gráfico*, e clicar em *Mover Gráfico*.

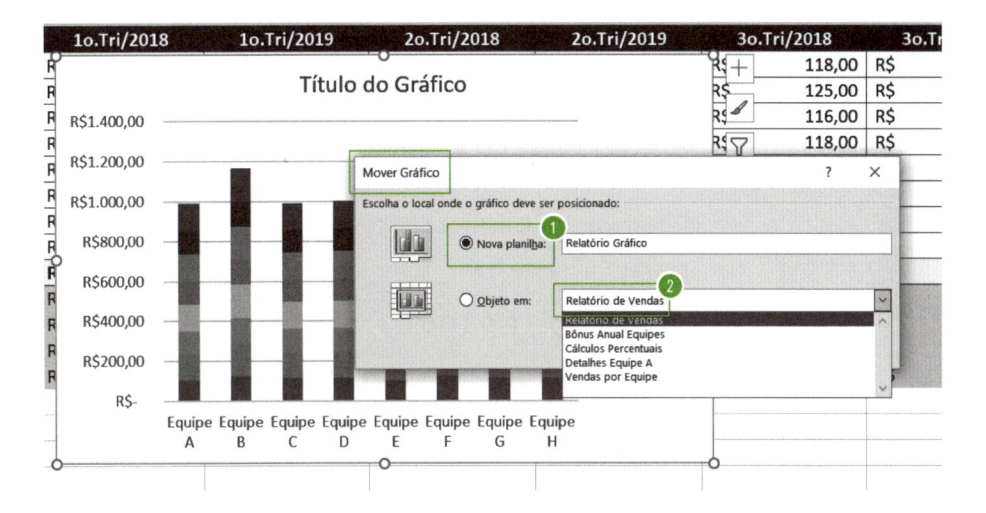

① A primeira opção é visualizar o gráfico em uma *Nova planilha*. **②** A outra opção seria escolher o gráfico como *Objeto em*, que permite definir também em qual planilha o gráfico será inserido.

3. Escolha *Nova planilha* e dê o nome de *Relatório Gráfico*.
4. Clique em *OK* e depois em *Salvar*.

O gráfico agora é apresentado como se fosse mais uma planilha na pasta de trabalho. Os botões de edição rápida ainda aparecem no canto superior direito do gráfico. Além disso, é possível acessar as principais funcionalidades de edição de gráfico pelas guias *Design* e *Formatar*, que aparecem na faixa de opções sempre que se seleciona o gráfico.

ALTERANDO A APARÊNCIA DO GRÁFICO

Todo profissional que precisa apresentar dados resumidos vai se beneficiar da utilização de gráficos. Contudo, não se perca em detalhes, não tente fazer algo muito elaborado. Utilize os recursos mais simples, e será bem mais fácil fazer alterações e ajustes futuros. Vamos ver os principais recursos para editar gráficos.

MUDANDO DE ESTILOS RAPIDAMENTE

Os *Estilos de Gráfico* permitem mudar com poucos cliques várias características da aparência do gráfico. Provavelmente, você encontrará algum estilo bem próximo daquilo que espera. Para acessá-los, basta clicar sobre o gráfico e selecionar a guia *Design*.

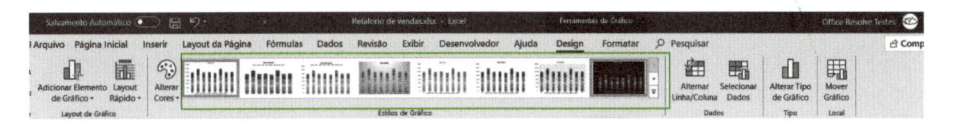

Ao passar o mouse sobre o estilo, automaticamente o Excel mostrará como o gráfico vai ficar. Quando localizar um estilo de acordo com o que deseja, basta clicar sobre ele para efetuar a alteração.

Observe que cada estilo altera os elementos que aparecem no gráfico, tais como *Título*, *Legenda*, *Rótulos*, entre outros.

Ao lado esquerdo dos estilos, temos o seletor *Alternar Cores*, que ajuda a escolher cores relacionadas entre si.

ALTERANDO COM O *LAYOUT RÁPIDO*

Depois de selecionar um estilo para o gráfico, ainda pode ser necessário fazer um ajuste geral. Para isso, existe a opção *Layout Rápido*. De maneira semelhante aos estilos, os layouts rápidos são estruturas de gráfico predefinidas que basicamente alteram a distribuição dos itens no gráfico, mas não as cores e sombras.

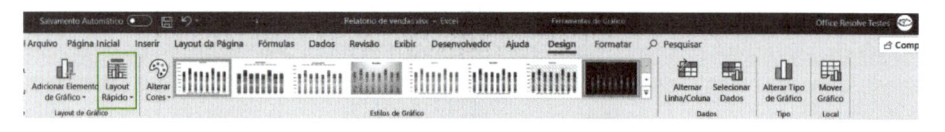

Essas duas ferramentas juntas (*Estilos de Gráfico* e *Layout Rápido*) podem resolver grande parte das necessidades de ajuste nos gráficos. Procure usá-las em vez de fazer alterações diretamente no gráfico, para manter a edição simples.

MUDANDO ITENS DO GRÁFICO DIRETAMENTE

Mesmo tendo sempre em mente a ressalva do item anterior, algumas vezes será necessário localizar um item específico do gráfico e alterá-lo diretamente.

Vamos considerar, por hipótese, que a legenda apresentada no gráfico não atende às necessidades e é necessário mudá-la de lugar, ou mesmo retirá-la. Podemos fazer esses ajustes da seguinte forma:

1. Clique sobre o gráfico para habilitar as guias específicas de edição: *Design* e *Formatar*.
2. Na guia *Design*, clique em *Adicionar Elemento de Gráfico*.
3. Encontre o item *Legenda* e escolha sua nova localização (se quiser retirá-la, clique em *Nenhum*).
4. Clique em *Salvar*.

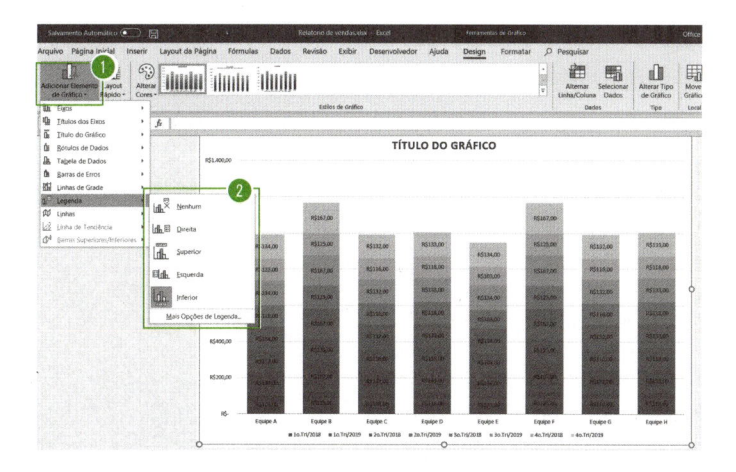

❶ Na guia *Design,* é possível encontrar a opção *Adicionar Elementos de Gráfico*. ❷ Ao selecionar, por exemplo, *Legenda*, serão mostradas as possíveis localizações da legenda, assim como a opção *Nenhum*, que a oculta.

ALTERANDO O TIPO DO GRÁFICO

Pode ser que ao longo do trabalho você perceba que o tipo de gráfico não está adequado aos dados que deseja compartilhar. Nesse caso, considere usar a ferramenta *Alterar Tipo de Gráfico*. Essa opção equivale a refazer o gráfico, alterando o seu formato básico.

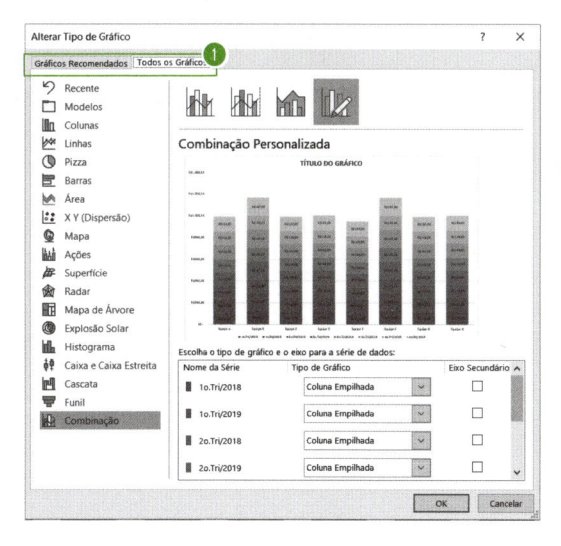

❶ Observe que agora a caixa de diálogo aparece com a aba *Todos os Gráficos* selecionada. Porém, é a mesma tela de quando criamos o primeiro gráfico com a opção *Gráficos Recomendados*. Isso significa que em qualquer um dos passos é possível tanto alterar o tipo de gráfico, quanto visualizar os gráficos relacionados. Para isso, basta alternar as abas.

⊟ EXERCÍCIOS PROPOSTOS

Vamos trabalhar com o *Relatório Gráfico*, que deve estar no formato de *Nova planilha* (caso não tenha feito isso, siga os passos do item "Visualizando o gráfico como uma planilha").

1. Escolha o estilo de gráfico *Estilo 4*.
2. Mude o esquema de cores em *Alterar Cores* (use o segundo conjunto).
3. Clique sobre o título do gráfico e digite *Relatório Gráfico*.
4. Coloque a legenda à direita.
5. Altere o tipo de gráfico para *Coluna 3D Empilhada*.
6. Clique em *Salvar*.

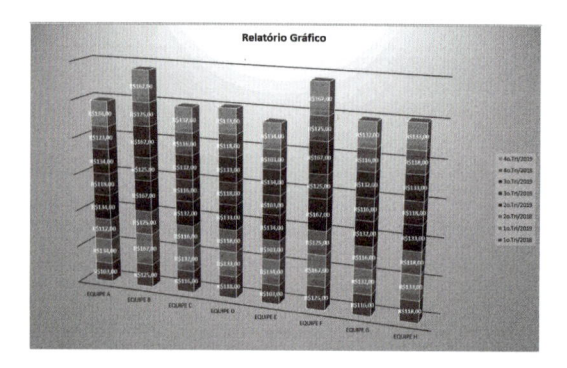

ANOTAÇÕES

ANOTAÇÕES

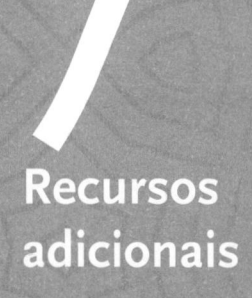

7
Recursos adicionais

EXERCÍCIOS PRÁTICOS

Dado que os profissionais têm necessidades práticas mais imediatas, este capítulo apresenta recursos adicionais do Excel por meio de exercícios com as planilhas que criamos até agora.

Validação de dados

Para que serve essa funcionalidade: criar regras de validação em uma ou mais células, limitando os valores que podem ser digitados.

Planilha a ser usada: *Vendas por Equipe*, criada no Capítulo 5.

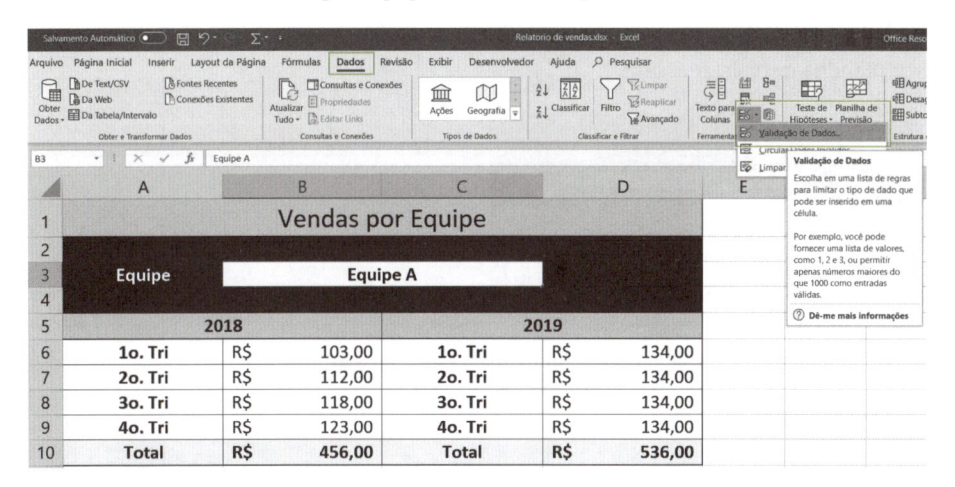

Objetivo: criar uma lista de nomes de equipes para facilitar a seleção e evitar erros de digitação.

1. Selecione a célula *B3*.
2. Na guia *Dados*, no grupo *Ferramentas de Dados*, escolha *Validação de Dados*.
3. Na caixa de diálogo *Validação de Dados*:
    a. No campo *Permitir*, escolha *Lista*.
    b. Clique no campo *Fonte* para posicionar o cursor.
    c. Selecione a planilha *Relatório de Vendas*.
    d. Selecione o intervalo *A3:A10*.

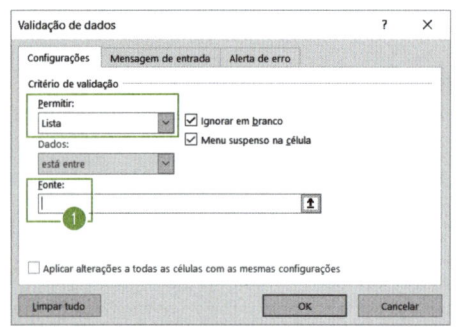

❶ A forma mais fácil de preencher os campos de intervalos nas caixas de diálogos é posicionar o cursor sobre o campo e clicar. Em seguida, selecione o intervalo desejado na planilha, para que o Excel preencha automaticamente. Se preferir, pode digitar o intervalo, mas não esqueça de indicar a planilha correta, se necessário.

4. Clique em *OK*.

Sua planilha deve estar assim:

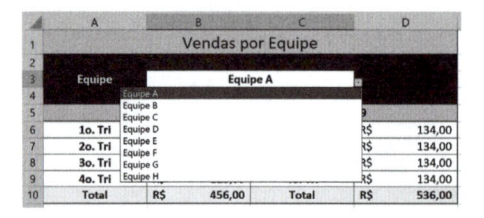

Basta selecionar a equipe desejada na lista e a planilha é atualizada.

5. Clique em *Salvar*.

Proteger planilha

Para que serve essa funcionalidade: proteger algumas partes da planilha, como fórmulas, por exemplo. É útil principalmente quando mais de um profissional for utilizar a mesma planilha.

Planilha a ser usada: Vendas por Equipe, criada no Capítulo 5.

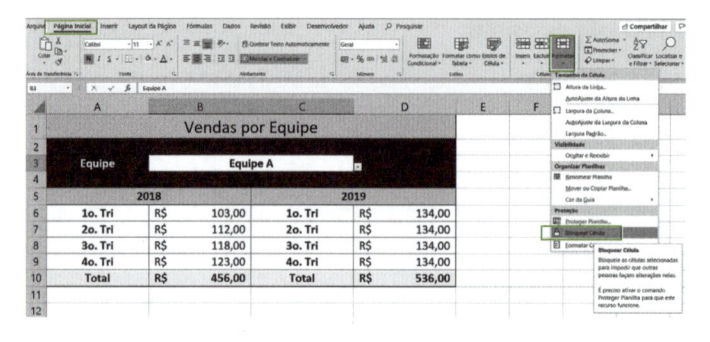

Objetivo: proteger as fórmulas.

> A proteção de planilha é feita em duas etapas: a primeira é definir as células que ficarão desbloqueadas; a segunda é proteger a planilha. Neste exercício, vamos desbloquear somente a célula *B3* e manter todas as outras bloqueadas (que é o formato padrão das células no Excel).

1. Selecione a célula *B3*.
2. Na guia *Página Inicial*, escolha *Formatar*.
3. Desmarque a opção *Bloquear Célula*, que está sombreada.

Acabamos de liberar a célula *B3*, mas isso só fará efeito após o passo seguinte.

4. Ainda em *Formatar*, clique em *Proteger Planilha*.

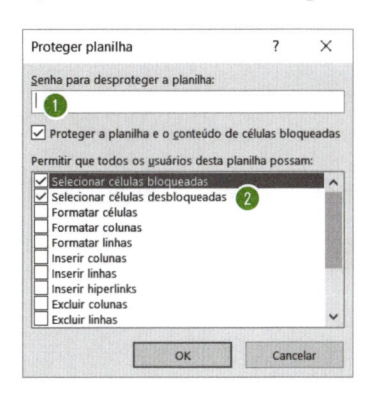

❶ A utilização de senha é opcional. ❷ Essa é a lista de ações que serão permitidas depois que a planilha estiver bloqueada. Note que, por padrão, somente será permitido selecionar as células (tanto bloqueadas quanto desbloqueadas). É possível marcar ou desmarcar as opções conforme a necessidade.

5. Clique em *OK* e depois em *Salvar*.

Experimente alterar qualquer célula diferente da *B3* e receberá a seguinte mensagem:

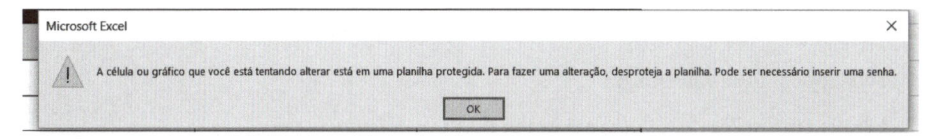

Ao alterar a célula *B3*, tudo acontecerá normalmente.

Se precisar voltar ao formato anterior, com a planilha desbloqueada, basta clicar em *Formatar* e depois em *Proteger Planilha*. Note que tanto *Bloquear Célula* quanto *Proteger Planilha* funcionam como uma opção de marcar/desmarcar.

Estilos de célula

Para que serve essa funcionalidade: formatar as células de rapidamente e manter um padrão de formatação entre as células. Observe que os padrões servem para todas as planilhas da pasta de trabalho, facilitando assim alterações principalmente de títulos e rótulos.

Planilha a ser usada: *Bônus Anual Equipes*, criada no Capítulo 4.

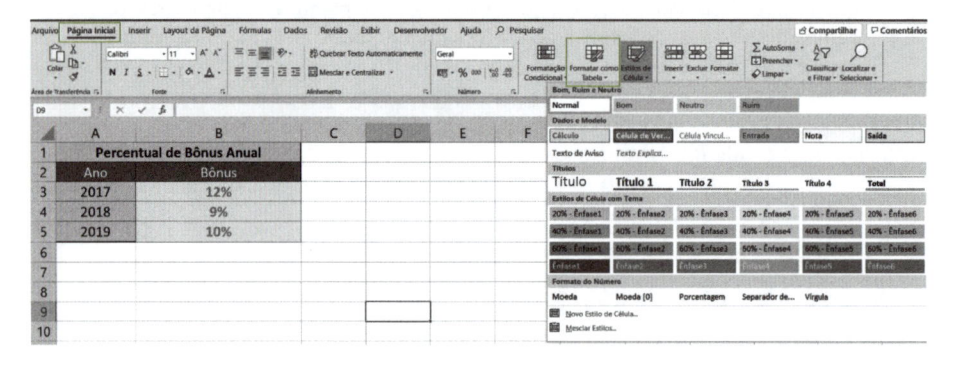

Objetivo: usar uma formatação-padrão para facilitar as alterações nas planilhas.

> Ao usar estilos para formatar as células, quando o estilo for alterado, todas as células da pasta de trabalho que estiverem associadas ao estilo serão alteradas automaticamente. Dessa forma, é possível manter um padrão nas planilhas da empresa com muito mais facilidade.

1. Selecione o título *Percentual de Bônus Anual*.
2. Clique em *Estilos de Células* e escolha o estilo *Título 1*.
3. Selecione o intervalo *A2:B2*.
4. Clique em *Estilos de Células* e escolha o estilo *Título 2*.
5. Selecione o intervalo *A3:A5*.
6. Clique em *Estilos de Células* e escolha o estilo *20% - Ênfase 1*.
7. Selecione o intervalo *A3:A5*.
8. Clique em *Estilos de Células* e escolha o estilo *Cálculo*.

Agora, vamos alterar um dos estilos para observar o efeito na planilha.

9. Clique em *Estilos de Célula* e clique com o botão direito do mouse para usar o menu de contexto sobre o estilo *Título 1*.
10. Escolha *Modificar*.

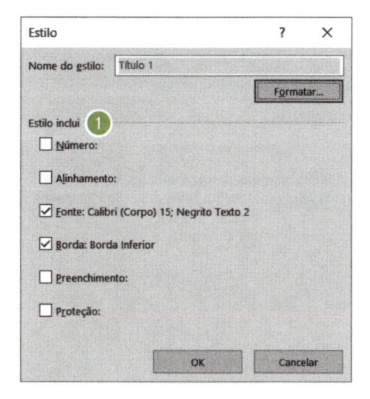

❶ Observe que é possível escolher quais itens estarão incluídos no estilo selecionado. Os itens marcados serão considerados quando o estilo for aplicado.

11. Clique no botão *Formatar* para acessar a caixa de diálogo *Formatar Células*.

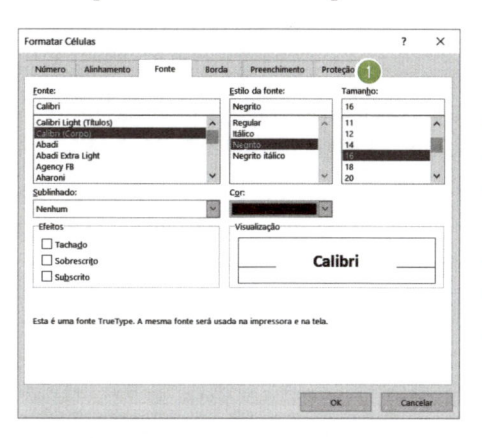

❶ Note que essa caixa de diálogo possui muitos dos recursos que vimos na barra de ferramentas na guia *Página Inicial* quando aprendemos sobre formatação. É possível mudar de aba e encontrar outros recursos. Por exemplo, na aba *Proteção*, vamos encontrar o recurso *Bloquear Células*.

12. Escolha o tamanho de fonte *16*.
13. Mude a cor da fonte para *Branco*.
14. Clique em *OK* na caixa de diálogo *Formatar Células*.
15. Clique em *OK* na caixa de diálogo *Estilo* (observando a alteração no título da planilha).
16. Note que,s mesmo sem selecionar a célula, o título foi alterado, porque está associado ao estilo *Título 1*.
17. Clique em *Salvar*.

Formatação condicional

Para que serve essa funcionalidade: criar uma formatação dependente de uma condição. Assim, quando determinada condição for atendida, o Excel automaticamente mudará a formatação original e passa a usar a formatação condicional.

Planilha a ser usada: *Relatório de Vendas*, a primeira planilha criada neste livro.

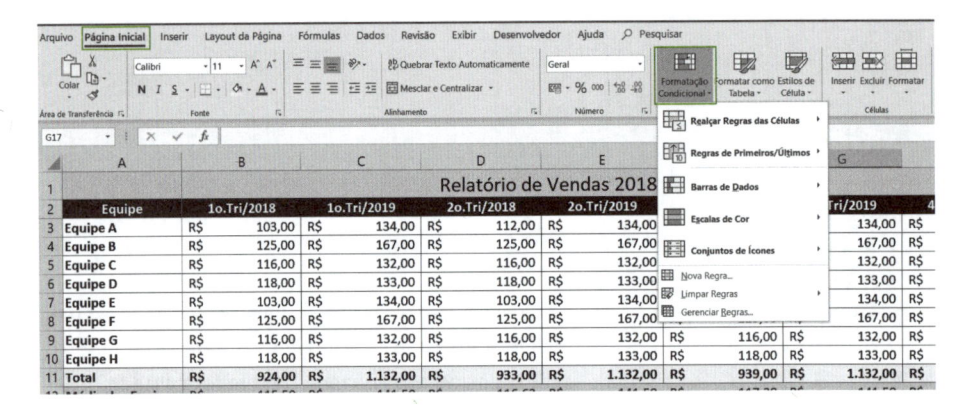

Objetivo: destacar automaticamente todos os valores que forem maiores que *R$ 160,00* nos dados de vendas das equipes.

> Existem várias condições predefinidas e muitas formas de usar a formatação condicional. Procure aprender o básico antes de preocupar-se com todos os tipos de formatação existentes.

1. Selecione o intervalo *B3:I10* (onde estão os dados de vendas das equipes).
2. Na guia *Página Inicial*, clique em *Formatação Condicional*.
3. Escolha *Realçar Regra das Células* (neste item, você encontra as condições que dependem da própria célula que se quer formatar).
4. Em seguida, escolha *É Maior do que* (a condição é que o valor da célula seja maior que um determinado valor, definido a seguir).

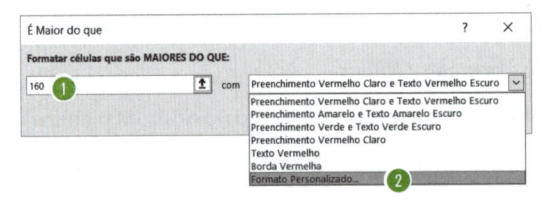

❶ Use esse campo para digitar o valor que deve ser considerado na condição para a formatação. ❷ Escolha *Formato Personalizado* se quiser definir um formato diferente dos disponíveis na lista.

5. No campo *Formatar células que são MAIORES DO QUE*, digite *160*.
6. No campo *com*, escolha *Formato Personalizado*.
7. Note que mais uma vez surge a caixa de diálogo *Formatar Células*.

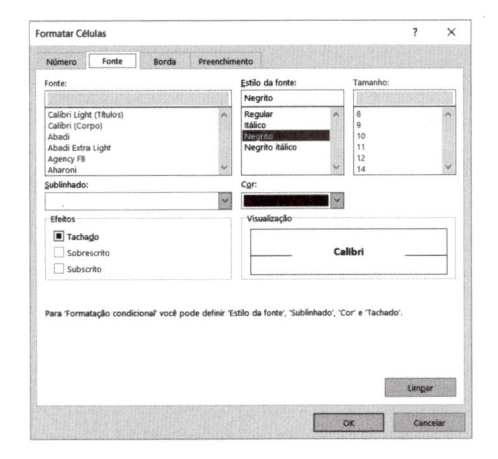

8. Em *Cor*, escolha *Azul-escuro* e, em *Estilo da fonte*, escolha *Negrito*.

9. Na aba *Preenchimento*, defina a *Cor do Plano de Fundo* como *Amarelo*.

10. Clique em *OK*.

11. Na caixa de diálogo *É Maior do que*, clique em *OK*.

12. Note que agora qualquer valor maior que *160* será formatado.

13. Selecione a célula *D6* e altere o valor para *180*.

Observe que a formatação muda automaticamente.

14. Agora, mude a célula *E8* para *130*.

Observe que a formatação deixou de ser aplicada.

	A	B	C	D	E	F	G	H	I
1				Relatório de Vendas 2018 versus 2019					
2	Equipe	1o.Tri/2018	1o.Tri/2019	2o.Tri/2018	2o.Tri/2019	3o.Tri/2018	3o.Tri/2019	4o.Tri/2018	4o.Tri/2019
3	Equipe A	R$ 103,00	R$ 134,00	R$ 112,00	R$ 134,00	R$ 118,00	R$ 134,00	R$ 123,00	R$ 134,00
4	Equipe B	R$ 125,00	R$ 167,00	R$ 125,00	R$ 167,00	R$ 125,00	R$ 167,00	R$ 125,00	R$ 167,00
5	Equipe C	R$ 116,00	R$ 132,00	R$ 116,00	R$ 132,00	R$ 116,00	R$ 132,00	R$ 116,00	R$ 132,00
6	Equipe D	R$ 118,00	R$ 133,00	R$ 180,00	R$ 133,00	R$ 118,00	R$ 133,00	R$ 118,00	R$ 133,00
7	Equipe E	R$ 103,00	R$ 134,00	R$ 103,00	R$ 134,00	R$ 103,00	R$ 134,00	R$ 103,00	R$ 134,00
8	Equipe F	R$ 125,00	R$ 167,00	R$ 125,00	R$ 130,00	R$ 125,00	R$ 167,00	R$ 125,00	R$ 167,00
9	Equipe G	R$ 116,00	R$ 132,00	R$ 116,00	R$ 132,00	R$ 116,00	R$ 132,00	R$ 116,00	R$ 132,00
10	Equipe H	R$ 118,00	R$ 133,00	R$ 118,00	R$ 133,00	R$ 118,00	R$ 133,00	R$ 118,00	R$ 133,00
11	Total	R$ 924,00	R$ 1.132,00	R$ 995,00	R$ 1.095,00	R$ 939,00	R$ 1.132,00	R$ 944,00	R$ 1.132,00
12	Média das Equipes	R$ 115,50	R$ 141,50	R$ 124,38	R$ 136,88	R$ 117,38	R$ 141,50	R$ 118,00	R$ 141,50
13	Bônus Trimestral	R$ 10,40	R$ 14,15	R$ 11,19	R$ 13,69	R$ 10,56	R$ 14,15	R$ 10,62	R$ 14,15
14	Máximo Vendido	R$ 125,00	R$ 167,00	R$ 180,00	R$ 167,00	R$ 125,00	R$ 167,00	R$ 125,00	R$ 167,00
15	Mínimo Vendido	R$ 103,00	R$ 132,00	R$ 103,00	R$ 130,00	R$ 103,00	R$ 132,00	R$ 103,00	R$ 132,00

15. Clique em *Salvar*.

Colar Especial e Pincel de Formatação

Para que servem essas funcionalidades: escolher adequadamente o formato de colagem para cada uma das situações.

Planilha a ser usada: criaremos uma planilha especialmente para este exercício.

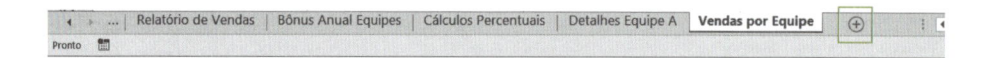

Objetivo: criar algumas planilhas novas copiando a planilha *Vendas por Equipe* para entender o funcionamento dos recursos de *Colar Especial* e *Pincel de Formatação*.

> Além das opções que vamos mostrar na sequência, uma possibilidade seria criar uma cópia da planilha usando o recurso *Mover ou Copiar*.

COPIAR E COLAR USANDO O BOTÃO *SELECIONAR TUDO*

1. Usando o botão *Nova planilha* (o sinal de + destacado na imagem anterior), crie uma planilha chamada *Cópia 1*.
2. Selecione a planilha *Vendas por Equipe*.
3. Clique no botão *Selecionar Tudo*.

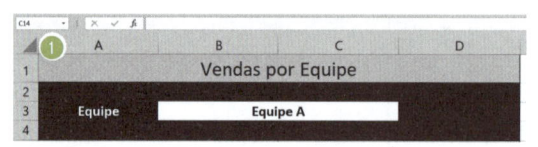

❶ Ao clicar neste botão, todas as linhas e todas as colunas serão selecionadas.

4. Copie os dados usando *CTRL + C*.
5. Selecione a nova planilha, *Cópia 1*.
6. Cole os dados usando *CTRL + V*.

Note que a planilha ficará idêntica à planilha original.

7. Selecione a célula *B6* e analise a *Barra de Fórmulas*.

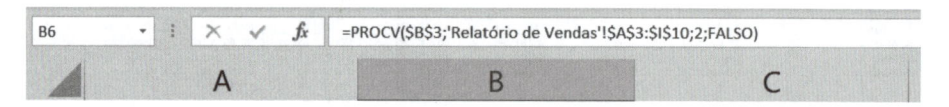

`=PROCV($B$3;'Relatório de Vendas'!$A$3:$I$10;2;FALSO)`

Observe que o Excel colou as fórmulas da planilha original.

8. Clique em *Salvar*.

COPIAR E COLAR USANDO O BOTÃO *COLAR VALORES* E O *PINCEL DE FORMATAÇÃO*

Imagine agora que desejamos colar apenas os valores resultantes das fórmulas (e não as fórmulas em si), como se estivéssemos digitando o resultado diretamente nas células. O objetivo deste exercício é puramente didático, para mostrar dois recursos que podem ser usados em situações distintas.

1. Usando o botão *Nova planilha*, crie uma planilha chamada *Cópia 2*.
2. Selecione a planilha *Vendas por Equipe*.
3. Clique no botão *Selecionar Tudo*.
4. Copie os dados usando *CTRL + C*.
5. Selecione a planilha nova, *Cópia 2*.

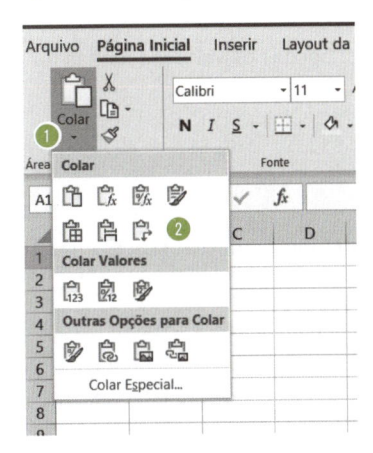

❶ Após usar *CTRL + C*, uma série de opções de colagem estarão disponíveis através do recurso *Colar*.
❷ Ao passar com o mouse sobre cada um dos tipos de colagem, é possível verificar como será o resultado do seu acionamento. Alguns dos recursos disponíveis são: *Fórmulas*: cola apenas as fórmulas, dispensando os formatos; *Transpor*: inverte a disposição entre linhas e colunas; *Valores*: cola somente os valores, ignorando os formatos.

6. Na guia *Página Inicial*, clique em *Colar*.
7. Escolha a opção *Valores*.

Sua planilha deve estar assim:

❶ Pela *Barra de Fórmulas*, observe que o Excel colou apenas os valores, e que a célula *B8*, por exemplo, está como se o valor tivesse sido digitado diretamente nela. Não há mais a fórmula *PROCV* que havia na planilha original. ❷ Por outro lado, perdemos toda a formatação.

Poderíamos usar o recurso de *Colar* novamente para colar apenas os formatos. Contudo, o Excel dispõe de outro recurso, chamado *Pincel de Formatação*, que pode facilitar o trabalho com formatos.

8. Selecione a planilha *Vendas por Equipe*.
9. Clique no botão *Selecionar Tudo*.

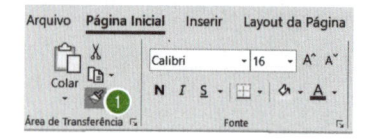

① Use o *Pincel de Formatação* para copiar e colar rapidamente formatos de uma seleção ou intervalo.

10. Clique no *Pincel de Formatação*.

11. Selecione a planilha *Cópia 2* e clique no botão *Selecionar Tudo*.

Pronto! As planilhas estão iguais, porém a segunda tem apenas os valores (sem as fórmulas).

12. Clique em *Salvar*.

Formatar como tabela

Para que serve essa funcionalidade: fazer uma formatação rápida como de tabela e estruturar um intervalo como um banco de dados.

Planilha a ser usada: criaremos uma planilha especialmente para este exercício.

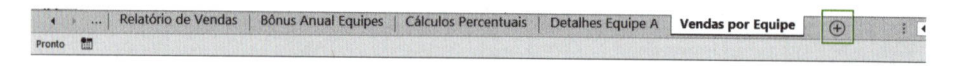

Objetivo: criar uma planilha nova copiando a planilha *Relatório de Vendas* para conhecer a formatação como tabela.

> Formatar como tabela não é o mesmo que criar uma tabela dinâmica.

1. Usando o botão *Nova planilha*, crie uma planilha chamada *Formatação como Tabela*.

2. Selecione a planilha *Vendas por Equipe*.

3. Selecione o intervalo *A2:I10* e copie usando *CTRL + C*.

4. Selecione a planilha *Formatação como Tabela*.

5. Usando o recurso *Colar + Colar Valores*, cole a partir da célula *A1*.

6. Aproveitando que o intervalo já está selecionado (sem tirar a seleção), na guia *Inserir*, clique em *Tabela*.

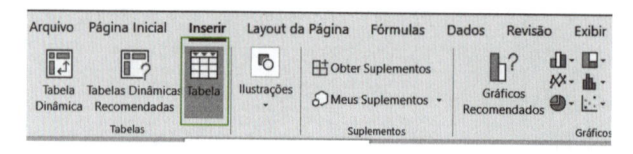

7. O Excel mostrará a caixa de diálogo *Criar Tabela*.

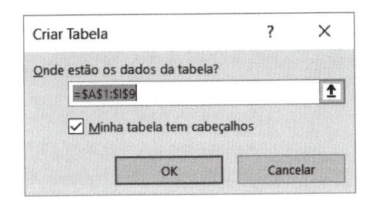

8. O intervalo selecionado está correto, e a planilha possui cabeçalhos, então clique em OK.

Assim como quando inserimos o gráfico, agora temos uma guia especial de tabela, chamada *Ferramentas de Tabela*, e dentro dela a guia *Design*.

9. Na guia *Design*, marque a opção *Primeira Coluna*, para que a primeira coluna esteja em destaque no *Estilo de Tabela*.

10. Selecione o estilo *Verde, Estilo de Tabela Média 14*.

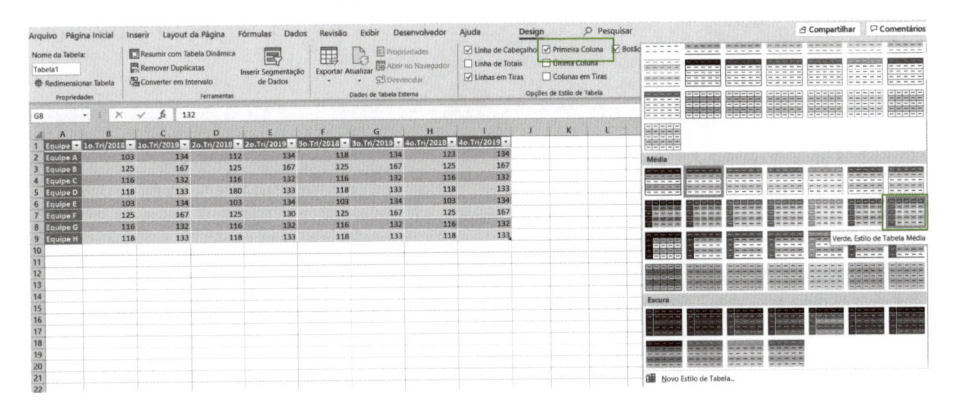

Note que foi criado um estilo zebrado, que será mantido automaticamente ao inserir novas linhas ou excluí-las.

11. Agora, vamos incluir os totais. Marque *Linha de Totais*.

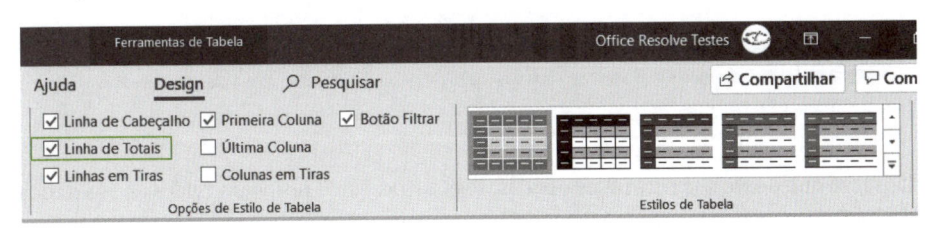

12. A linha será inserida na última linha da tabela. Para cada célula da linha de totais, é possível escolher qual função será usada. Neste caso, escolha todas como *Soma*.

Sua planilha deve ter ficado assim:

	A	B	C	D	E	F	G	H	I
1	Equipe	1o.Tri/2018	1o.Tri/2019	2o.Tri/2018	2o.Tri/2019	3o.Tri/2018	3o.Tri/2019	4o.Tri/2018	4o.Tri/2019
2	Equipe A	R$ 103,00	R$ 134,00	R$ 112,00	R$ 134,00	R$ 118,00	R$ 134,00	R$ 123,00	R$ 134,00
3	Equipe B	R$ 125,00	R$ 167,00	R$ 125,00	R$ 167,00	R$ 125,00	R$ 167,00	R$ 125,00	R$ 167,00
4	Equipe C	R$ 116,00	R$ 132,00	R$ 116,00	R$ 132,00	R$ 116,00	R$ 132,00	R$ 116,00	R$ 132,00
5	Equipe D	R$ 118,00	R$ 133,00	R$ 180,00	R$ 133,00	R$ 118,00	R$ 133,00	R$ 118,00	R$ 133,00
6	Equipe E	R$ 103,00	R$ 134,00	R$ 103,00	R$ 134,00	R$ 103,00	R$ 134,00	R$ 103,00	R$ 134,00
7	Equipe F	R$ 125,00	R$ 167,00	R$ 125,00	R$ 130,00	R$ 125,00	R$ 167,00	R$ 125,00	R$ 167,00
8	Equipe G	R$ 116,00	R$ 132,00	R$ 116,00	R$ 132,00	R$ 116,00	R$ 132,00	R$ 116,00	R$ 132,00
9	Equipe H	R$ 118,00	R$ 133,00	R$ 118,00	R$ 133,00	R$ 118,00	R$ 133,00	R$ 118,00	R$ 133,00
10	Total	R$ 924,00	R$ 1.132,00	R$ 995,00	R$ 1.095,00	R$ 939,00	R$ 1.132,00	R$ 944,00	R$ 1.132,00

13. Clique em *Salvar*.

Classificar e Filtrar

Para que servem essas funcionalidades: ordenar um intervalo a partir dos dados e/ou filtrar um intervalo para mostrar apenas os dados que atendam a determinada condição.

Planilha a ser usada: *Formatação como Tabela*, criada no exercício anterior.

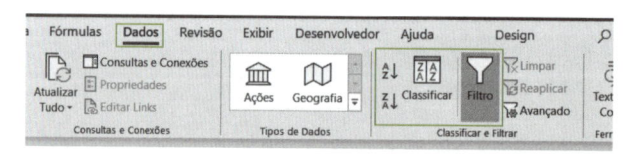

Objetivo: usar os recursos de classificação e filtragem para entender como funcionam.

> Quando inserimos uma tabela na planilha, automaticamente é criado o botão de classificação e filtragem.

Filtrando como tabela

1. Selecione a planilha *Formatação como Tabela*.

Note que na primeira linha há um botão de filtragem.

2. Clique no filtro da coluna *B*.

Observe que o Excel já mostra as opções de classificação e filtragem relativas aos dados da coluna.

① Use as opções de classificação quando quiser que os dados de todo o intervalo estejam ordenados em função dos dados da coluna selecionada. ② Use o filtro de número quando quiser criar condições de filtragem do tipo *É Maior do que* ou *É diferente de*, por exemplo. ③ Selecione os valores para criar uma filtragem de dados que mostre apenas os dados que corresponderem à seleção.

3. Desmarque os valores *103,00*, *116,00* e *118,00*, deixando apenas o valor *125,00* marcado.

4. Clique em *OK*.

O Excel deixa visíveis apenas as linhas *3* e *7*, onde aparece o valor *125,00*.

5. Clique em *Salvar*.

Criando o botão de filtro

Para entender como criar um botão de filtragem em uma planilha que não tenha uma tabela, vamos usar a planilha *Relatório de Vendas*.

1. Selecione a planilha *Relatório de Vendas*.
2. Selecione a linha *2* (clicando no rótulo da linha).
3. Na guia *Dados*, clique em *Filtro*.

Observe que o Excel criou os botões de filtragem, assim como na tabela anterior.

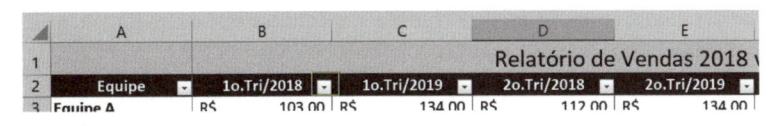

4. Clique em *Salvar*.

Entendendo como usar o recurso Classificar *quando houver funções*

Algumas vezes, as fórmulas podem sofrer alterações quando se usa o recurso *Classificar* que fazem que parem de funcionar. Por isso, é importante saber usar a classificação em planilhas com fórmulas e funções.

1. Na planilha *Relatório de Vendas*, clique no botão de filtro da coluna C.
2. Escolha a opção *Classificar do Menor para o Maior*.

Observe os erros gerados:

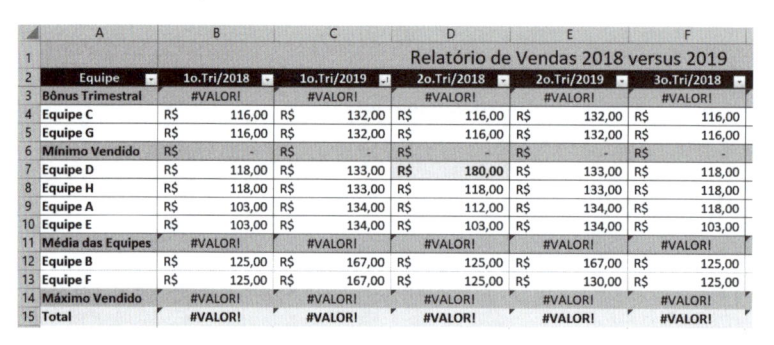

	A	B	C	D	E	F
1				Relatório de Vendas 2018 versus 2019		
2	Equipe	1o.Tri/2018	1o.Tri/2019	2o.Tri/2018	2o.Tri/2019	3o.Tri/2018
3	Bônus Trimestral	#VALOR!	#VALOR!	#VALOR!	#VALOR!	#VALOR!
4	Equipe C	R$ 116,00	R$ 132,00	R$ 116,00	R$ 132,00	R$ 116,00
5	Equipe G	R$ 116,00	R$ 132,00	R$ 116,00	R$ 132,00	R$ 116,00
6	Mínimo Vendido	R$ -	R$ -	R$ -	R$ -	R$ -
7	Equipe D	R$ 118,00	R$ 133,00	R$ 180,00	R$ 133,00	R$ 118,00
8	Equipe H	R$ 118,00	R$ 133,00	R$ 118,00	R$ 133,00	R$ 118,00
9	Equipe A	R$ 103,00	R$ 134,00	R$ 112,00	R$ 134,00	R$ 118,00
10	Equipe E	R$ 103,00	R$ 134,00	R$ 103,00	R$ 134,00	R$ 103,00
11	Média das Equipes	#VALOR!	#VALOR!	#VALOR!	#VALOR!	#VALOR!
12	Equipe B	R$ 125,00	R$ 167,00	R$ 125,00	R$ 167,00	R$ 125,00
13	Equipe F	R$ 125,00	R$ 167,00	R$ 125,00	R$ 130,00	R$ 125,00
14	Máximo Vendido	#VALOR!	#VALOR!	#VALOR!	#VALOR!	#VALOR!
15	Total	#VALOR!	#VALOR!	#VALOR!	#VALOR!	#VALOR!

3. Pressione *CTRL + Z* para desfazer a ação.

Esses erros são gerados pelo deslocamento das funções que colocamos na planilha, que deixam de estar corretas após a classificação.

4. Para evitar esses erros, selecione o intervalo *A2:I10* (observe que não estamos selecionando as células que contêm fórmulas).
5. Na guia *Dados*, clique em *Classificar*.

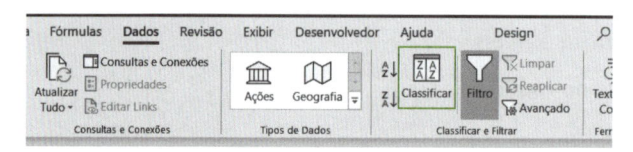

6. Na caixa de diálogo *Classificar*, escolha a coluna pela qual os dados devem ser classificados (é possível escolher mais de uma coluna, e as colunas serão classificadas na sequência escolhida).

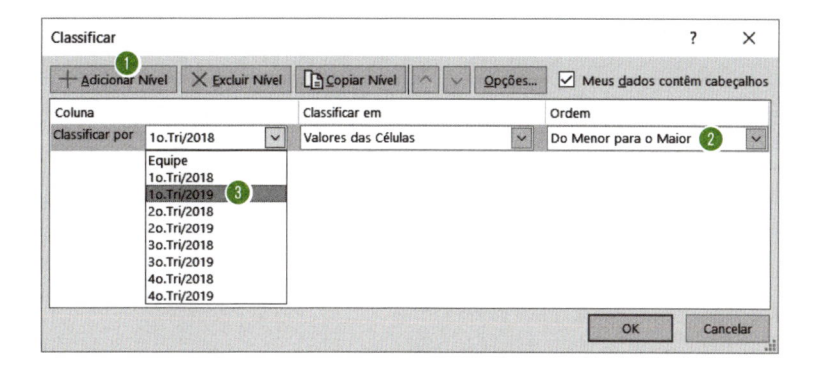

① É possível adicionar níveis de classificação. ② Escolha a ordem de classificação.
③ Escolha a coluna pela qual os dados serão classificados.

7. Escolha *1o.Tri/2019* (coluna *C*).
8. Escolha a ordem *Do Menor para o Maior*.
9. Clique em *OK*.
10. Observe que agora a classificação funcionou corretamente.
11. Clique em *Salvar*.

ANOTAÇÕES

8
Guia de consulta rápida e dicas

FUNÇÕES MAIS UTILIZADAS

A lista a seguir, apresenta as funções mais usadas no Excel. Algumas delas podem ser estudadas em maior profundidade em materiais de Excel Avançado publicados pela editora Senac São Paulo.

Funções matemáticas e de trigonometria

SOMA	
O que faz	Efetua a soma dos parâmetros indicados.
Quando usar	Sempre que precisar realizar a soma de valores, sejam financeiros, percentuais, parcelas de um empréstimo, entre outros.
Estrutura (sintaxe)	=SOMA([intervalo1]; [intervalo2]; [intervalo x])
Exemplos	Somar um único intervalo: =SOMA(B2:D2) Somar mais de um intervalo: =SOMA(B2:D2 ; B4:D4)

MULT	
O que faz	Efetua a multiplicação dos parâmetros indicados.
Quando usar	Sempre que precisar realizar a multiplicação de valores, como por exemplo quantidade de itens vendidos e valor de cada um.
Estrutura (sintaxe)	=MULT([intervalo1]; [intervalo2]; [intervalo x])
Exemplos	Somar um único intervalo: =MULT(B2:D2) Somar mais de um intervalo: =MULT(B2:D2 ; B4:D4)
Pontos de atenção	Pode ser mais fácil usar uma fórmula quando houver poucos valores a serem multiplicados. Por exemplo, =B2*C2.

SOMARPRODUTO	
O que faz	Efetua a soma do resultado de uma série de multiplicações dos elementos dos intervalos indicados.
Quando usar	Para saber o valor final da soma de uma tabela de produtos (quantidade x valor), por exemplo.
Estrutura (sintaxe)	=SOMARPRODUTO([intervalo1]; [intervalo2]; [intervalo x])
Exemplos	Somar dois intervalos: =SOMARPRODUTO(B2:B5 ; C2:C5) Somar mais de dois intervalos: =SOMARPRODUTO(B2:B5 ; C2:C5 ; D2:D5)
Pontos de atenção	Os intervalos devem ter a mesma quantidade de itens. Se usar apenas um intervalo, o resultado será o mesmo da função SOMA.

SOMASE	
O que faz	Efetua uma soma, condicionando o resultado a alguma informação (critério).
Quando usar	Quando quiser efetuar a soma de dados de um intervalo, levando em consideração apenas os elementos que correspondem a um critério.
Estrutura (sintaxe)	=SOMASE([intervalo critérios]; [critério]; [intervalo soma])
Exemplos	Digitar o critério diretamente na função: =SOMASE(A3:A5 ; "caneta" ; B3:B5) Usar referências para estabelecer os critérios: =SOMASE(A3:A5 ; D7 ; B3:B5) Usar o intervalo de soma = intervalo de critérios: =SOMASE(B3:B5 ; D7)
Pontos de atenção	O intervalo de critérios deve ter a mesma quantidade de células do intervalo de soma. Se o intervalo de critérios for o mesmo do intervalo a ser somado, pode-se omitir o terceiro parâmetro.

Funções estatísticas

MÉDIA	
O que faz	Calcula a média aritmética de um intervalo.
Quando usar	Quando precisar calcular a média de salários ou a média das notas de alunos, por exemplo.
Estrutura (sintaxe)	=MÉDIA([intervalo1]; [intervalo2]; [intervalo x])
Exemplos	Calcular a média usando um único intervalo: =MÉDIA(B2:D2) Calcular a média usando mais de um intervalo: =MÉDIA(B2:D2 ; B4:D4)

MÉDIASE	
O que faz	Efetua uma média, condicionando o resultado a alguma informação (critério).
Quando usar	Quando quiser efetuar a média de dados de um intervalo, considerando apenas os elementos que correspondem a um critério.
Estrutura (sintaxe)	=MÉDIASE([intervalo critérios]; [critério]; [intervalo média])
Exemplos	Digitar o critério diretamente na função: =MÉDIASE(A3:A5 ; "caneta" ; B3:B5) Usar referência para estabelecer os critérios: =MÉDIASE(A3:A5 ; D7 ; B3:B5) Usar o intervalo de média igual ao intervalo de critérios: =MÉDIASE(B3:B5 ; D7)
Pontos de atenção	O intervalo de critérios deve ter a mesma quantidade de células do intervalo de média. Se o intervalo de critérios for o mesmo do intervalo de média, pode-se omitir o terceiro parâmetro.

MÁXIMO	
O que faz	Encontra o valor máximo (primeiro maior valor) de um intervalo.
Quando usar	Quando precisar identificar o valor máximo de um intervalo, como, por exemplo, o maior valor de vendas ou a maior nota em uma lista de valores.
Estrutura (sintaxe)	=MÁXIMO([intervalo1]; [intervalo2]; [intervalo x])
Exemplos	Procurar o valor máximo em um intervalo: =MÁXIMO(A3:A5) Procurar o valor máximo em células não adjacentes: =MÁXIMO(A3 ; A5 ; D7 ; E7) Procurar o valor máximo em intervalos não adjacentes: =MÁXIMO(B3:B5 ; D2:D4)
Pontos de atenção	Ao usar mais de um intervalo, não há necessidade de os intervalos terem o mesmo tamanho. Não confundir com a função MAIOR.

MÍNIMO	
O que faz	Encontra o valor mínimo (primeiro menor valor) de um intervalo.
Quando usar	Quando precisar identificar o valor mínimo de um intervalo, como, por exemplo, o menor valor de vendas ou a menor nota em uma lista de valores.
Estrutura (sintaxe)	=MÍNIMO([intervalo1]; [intervalo2]; [intervalo x])
Exemplos	Procurar o valor mínimo em um intervalo: =MÍNIMO(A3:A5) Procurar o valor mínimo em células não adjacentes: =MÍNIMO(A3 ; A5 ; D7 ; E7) Procurar o valor mínimo em intervalos não adjacentes: =MÍNIMO(B3:B5 ; D2:D4)
Pontos de atenção	Ao usar mais de um intervalo, não há necessidade de os intervalos terem o mesmo tamanho. Não confundir com a função MENOR.

MAIOR	
O que faz	Encontra o enésimo maior valor em um intervalo.
Quando usar	Quando precisar identificar um valor que seja o segundo maior, ou o terceiro maior, ou o enésimo maior em uma matriz.
Estrutura (sintaxe)	=MAIOR([matriz]; [n])
Exemplos	Procurar o segundo maior valor do intervalo A3:A15: =MAIOR(A3:A15 ; 2) Procurar o quinto maior valor do intervalo A3:A15, por exemplo: =MAIOR(A3:A15 ; 5)
Pontos de atenção	Para procurar o primeiro maior valor, pode-se usar a função MÁXIMO.

MENOR	
O que faz	Encontra o enésimo menor valor em um intervalo.
Quando usar	Quando precisar identificar um valor que seja o segundo menor, ou o terceiro menor, ou o enésimo menor em uma matriz.
Estrutura (sintaxe)	=MENOR([matriz]; [n])
Exemplos	Procurar o segundo menor valor do intervalo A3:A15: =MENOR(A3:A15 ; 2) Procurar o quinto menor valor do intervalo A3:A15: =MENOR(A3:A15 ; 5)
Pontos de atenção	Para procurar o primeiro menor valor, pode-se usar a função MÍNIMO.

CONT.VALORES	
O que faz	Conta o número de células que não estão vazias em um conjunto de células.
Quando usar	Quando quiser fazer a contagem de elementos em um ou mais intervalos. Por exemplo, para saber a quantidade de funcionários em um cadastro ou a quantidade de alunos que fizeram determinada prova.

(cont.)

Estrutura (sintaxe)	=CONT.VALORES([intervalo1]; [intervalo2]; [intervalo x])
Exemplos	Contar células não vazias em um intervalo: =CONT.VALORES(A3:A5) Contar células não vazias em células não adjacentes: =CONT.VALORES(A3 ; A5 ; D7 ; E7) Contar células não vazias em intervalos não adjacentes: =CONT.VALORES(B3:B5 ; D2:D4)
Pontos de atenção	Existem outras funções de contagem, tais como CONTAR.VAZIO, CONT.SE, CONT.NÚM.

CONTAR.VAZIO	
O que faz	Conta o número de células vazias em um conjunto de células.
Quando usar	Quando quiser fazer uma contagem de informações que ainda precisam ser preenchidas, por exemplo.
Estrutura (sintaxe)	=CONTAR.VAZIO([intervalo contagem])
Exemplos	Contar células vazias em um intervalo: =CONTAR.VAZIO(A3:A5)
Pontos de Atenção	A função CONTAR.VAZIO não aceita mais de um intervalo. Existem outras funções de contagem, tais como CONT.VALORES, CONT.SE, CONT.NÚM.

CONT.SE	
O que faz	Conta o número de células de um intervalo que correspondem a um determinado critério.
Quando usar	Quando quiser efetuar a contagem de células de um intervalo que atendam a uma condição. Por exemplo, verificar quantas vezes um nome aparece em uma lista de clientes, quantos clientes moram em determinada cidade ou quantas notas de aluno são maiores que 7,5.
Estrutura (sintaxe)	=CONT.SE([intervalo contagem] ; [condição])

(cont.)

Exemplos	Contar quantas células contém o nome Roberto:
	=CONT.SE(B3:B15 ; "Roberto")
	Contar quantas células contém valores maiores que 7,5:
	=CONT.SE(B3:B15 ; "> 7,5")
	Contar quantas células contém o texto *São Paulo*, mesmo que tenha outras coisas escritas:
	=CONT.SE(B3:B15 ; "*São Paulo*")

Funções de pesquisa e referência

PROCV	
O que faz	Procura um valor em uma matriz e retorna o próprio valor, ou um valor relacionado (procura vertical).
Quando usar	Quando houver necessidade de buscar valores relacionados em uma matriz. Por exemplo, buscar a nota final do aluno *Roberto* em uma matriz com as notas dos alunos.
Estrutura (sintaxe)	=PROCV([valor procurado]; [matriz]; [colunas]; [correspondência aproximado])
Exemplos	Verificar a existência do nome *Roberto* no intervalo *A2:C15*. Se o nome existir, retorna o próprio nome; senão, retorna erro:
	=PROCV("Roberto"; "A2:C15"; 1 ; FALSO)
	Procurar o nome *Roberto* (correspondência exata) e retornar o valor que estiver uma coluna à direita na mesma linha em que o nome for encontrado (quando o índice é *1*, a coluna retornada é o próprio valor):
	=PROCV("Roberto"; "A2:C15"; 2 ; FALSO)
	Procurar o número *10* (correspondência exata) e retornar o valor que estiver uma coluna à direita na mesma linha em que o número for encontrado. Se não houver o número *10*, será retornado o erro *#N/D*:
	=PROCV(10; "A2:C15"; 2 ; FALSO)
	Procurar o número *10* (correspondência aproximada) e retornar o valor que estiver uma coluna à direita, na mesma linha em que o número for encontrado. Se não houver o número *10*, será considerada a correspondência aproximada:
	=PROCV(10; "A2:C15"; 2 ; VERDADEIRO)

(cont.)

Pontos de atenção	O parâmetro *[valor procurado]* deve ser idêntico ao valor que está na *[matriz]* e deve estar na primeira coluna da matriz. Use a correspondência aproximada apenas com procura de valores numéricos e mantenha a coluna de procura (primeira coluna) em ordem crescente. A função *PROCH* efetua uma procura semelhante, porém nas colunas, e retorna o valor nas linhas (procura horizontal).

ÍNDICE	
O que faz	Retorna o valor da célula posicionada em determinada linha e coluna de uma matriz (intervalo).
Quando usar	Quando desejar retornar um valor que esteja posicionado em determinada linha e coluna de um intervalo. Por exemplo, retornar a segunda nota do aluno que estiver na linha 3.
Estrutura (sintaxe)	=ÍNDICE(*[intervalo]* ; *[linha]* ; *[coluna]*)
Exemplos	Retornar o valor que estiver na terceira linha e na terceira coluna do intervalo *B3:D15* (neste caso, será retornado o valor da célula *D5*): =ÍNDICE(*B3:D15* ; *3* ; *3*)
Pontos de atenção	É indicado usar a função *ÍNDICE* em conjunto com outras funções, para não ficar com um retorno fixo.

CORRESP	
O que faz	Retorna a posição relativa de um item em uma lista de itens (intervalo), que deve estar em uma única linha ou em uma única coluna.
Quando usar	Quando precisar saber em qual posição um item está localizado. Por exemplo, em qual linha está o nome do aluno *Roberto*, ou em qual coluna está o nome da cidade de *São Paulo*.
Estrutura (sintaxe)	=CORRESP(*[valor procurado]* ; *[matriz]* ; *[tipo de procura]*)

(cont.)

Exemplos	Procurar em qual linha está o nome do aluno *Roberto* na coluna *A*, no intervalo *A3:A15*. Retorna a posição do nome no intervalo (por exemplo, *3* indica que está na terceira linha do intervalo; neste caso, estaria em *A5*):
	=CORRESP("Roberto" ; A3:A15 ; 0)
	Procurar em qual coluna está o nome da cidade de *São Paulo*, na linha 3, no intervalo *B3:F3*. Retorna a posição da cidade no intervalo (por exemplo, *3* indica que está na terceira coluna a partir do início do intervalo; neste caso, estaria em *D3*):
	=CORRESP("São Paulo" ; B3:F3 ; 0)
	Procurar o número *100* (ou o maior número menor ou igual a *100*) no intervalo *A3:A15*:
	=CORRESP(100 ; A3:A15 ; -1)
	Procurar o número *100* (ou o menor número maior ou igual a *100*) no intervalo *A3:A15*:
	=CORRESP(100 ; A3:A15 ; +1)
Pontos de atenção	A função *CORRESP* é muito indicada para achar a linha ou a coluna (ou ambas) com uma função *ÍNDICE*.

Funções de lógica

SE	
O que faz	Baseado em um teste lógico, retorna um valor caso o resultado seja *VERDADEIRO* e outro valor caso seja *FALSO*.
Quando usar	Sempre que precisar escolher uma entre duas respostas possíveis para uma pergunta sobre uma condição conhecida, baseadas em um teste lógico (do tipo sim/não). Por exemplo, responder *aprovado* se uma nota for maior ou igual a *7,0*, ou *reprovado* caso seja menor.
Estrutura (sintaxe)	=SE([teste lógico] ; [resposta se verdadeiro] ; [resposta se falso])

(cont.)

Exemplos	Retornar *aprovado* quando *B3* for maior ou igual a *7* e *reprovado* quando *B3* for menor que *7*: =SE(B3>=7 ; "aprovado" ; "reprovado") Outra maneira de escrever essa função seria: =SE(B3<7 ; "reprovado" ; "aprovado") Observe que o resultado é igual ao do exemplo anterior, pois a função apenas está com a condição invertida. O importante é que a ordem das respostas esteja de acordo com o teste lógico que for feito.
Pontos de atenção	A função *SE* pode ser usada de forma combinada com outras funções, ou com ela mesma, para alternar entre mais de duas respostas. Também existe a função *SES*, que permite trabalhar com várias condições, mas ainda é pouco usada.

SES	
O que faz	Serve para utilizar várias condições em uma função *SE*.
Quando usar	Sempre que for necessário aninhar mais de uma função *SE* (colocar uma função dentro da outra), pode-se usar a função *SES* para facilitar o uso e a leitura da função.
Estrutura (sintaxe)	=SES([teste1] ; [verdadeiro1] ; [teste2] ; [verdadeiro2] ; [teste n] ; [verdadeiro n])
Exemplos	Retornar *aprovado com louvor* para notas maiores que *9*; *aprovado* para notas maiores ou iguais a *7*; e *reprovado* para notas menores que *7*: =SES(B3>=9 ; "aprovado com louvor" ; B3>=7 ; "aprovado" ; verdadeiro ; "reprovado")
Pontos de atenção	Observe que as condições são testadas na sequência. Ao criar a segunda condição, considere que a primeira foi avaliada como falsa, e assim por diante. Para criar uma condição final (semelhante a *caso contrário*), use a condição *verdadeiro*. O Excel entenderá que sempre deve entrar nessa condição caso nenhuma das anteriores seja verdadeira.

SEERRO	
O que faz	Devolve uma resposta amigável caso uma fórmula ou função (usada como condição) gere qualquer erro.
Quando usar	Quando uma fórmula ou função tiver probabilidade de retornar um erro que possa confundir o usuário da planilha.
Estrutura (sintaxe)	=SEERRO([fórmula ou função] ; [resposta em caso de erro])
Exemplos	Retornar uma mensagem caso a célula *B4* seja igual a *0* (zero), em vez de mostrar o erro do Excel *#DIV/0!*: =SEERRO(B3/B4 ; "Célula B4 não pode ser 0 (zero)")
Pontos de atenção	A função *SEERRO* sempre será usada em combinação com outra fórmula ou função. Caso queira devolver uma resposta baseada em uma condição que não seja o erro em uma fórmula ou função, use a função *SE* ou a função *SES*.

Outras funções

Essas são apenas algumas das centenas de funções disponíveis no Excel. As funções são parte muito importante no uso de planilhas e são exploradas com mais detalhes nos livros e cursos de Excel Avançado do Senac São Paulo.

TECLAS DE ATALHO

Para cada atividade, existem recursos do Excel que são mais importantes do que outros, de modo que cada profissional usa as planilhas a seu próprio modo. Enquanto alguns vão usar mais gráficos para resumir os dados, outros farão planilhas com mais funções porque precisam de mais interação. Do mesmo modo, cada profissional vai precisar de mais agilidade em um tipo específico de trabalho e é por isso que usamos as teclas de atalho, que podem te ajudar a executar seu trabalho diário com mais rapidez. Procure memorizar aquelas que serão mais úteis no seu dia a dia e que irão acelerar seu trabalho.

Teclas de função

Tecla	Descrição
F1	Exibe o painel de tarefas *Ajuda do Excel*.
CTRL + F1	Exibe ou oculta a *Faixa de Opções*.
ALT + F1	Cria um gráfico com base nos dados do intervalo atual.
ALT + SHIFT + F1	Insere uma nova planilha.

(cont.)

F2	Edita a célula ativa e coloca o ponto de inserção no final do conteúdo.
SHIFT + F2	Adiciona ou edita um comentário de célula.
CTRL + F2	Exibe a área de visualização de impressão.
F3	Exibe a caixa de diálogo *Colar Nome*.
SHIFT + F3	Exibe a caixa de diálogo *Inserir Função*.
F4	Repete o último comando ou ação, se possível.
CTRL + F4	Fecha a janela da pasta de trabalho selecionada.
ALT + F4	Fecha o Excel.
F5	Exibe a caixa de diálogo *Ir para*.
CTRL + F5	Restaura o tamanho da janela da pasta de trabalho selecionada.
F6	Alterna entre a planilha, a *Faixa de Opções*, o painel de tarefas e os controles de zoom.
CTRL + F6	Alterna para a próxima janela da pasta de trabalho.
F7	Abre a caixa de diálogo *Verificar ortografia*.
F8	Ativa ou desativa o modo estendido.
SHIFT + F8	Permite adicionar uma célula não adjacente ou um intervalo.
ALT + F8	Exibe a caixa de diálogo *Macro*.
F9	Calcula todas as planilhas em todas as pastas de trabalho abertas.
SHIFT + F9	Calcula a planilha ativa.
CTRL + F9	Minimiza a janela da pasta de trabalho para um ícone.
F10	Habilita ou desabilita as dicas de teclas.
SHIFT + F10	Exibe o menu de atalho do item selecionado.
CTRL + F10	Maximiza ou restaura a janela da pasta de trabalho selecionada.
F11	Cria um gráfico do intervalo atual em uma folha de gráfico.
SHIFT + F11	Insere uma nova planilha.
ALT + F11	Abre o editor do Microsoft Visual Basic for Applications.
F12	Exibe a caixa de diálogo *Salvar como*.

Atalhos para Mover-se pela planilha e/ou selecionar

Tecla	Descrição
Seta para cima	Move-se-se uma célula para cima.
Seta para baixo	Move-se uma célula para baixo.
Seta para esquerda	Move-se uma célula para a esquerda.
Seta para direita	Move-se uma célula para a direita.
CTRL + Tecla de direção	Move-se para a borda do intervalo de dados atual.
CTRL + END	Move-se para a última célula usada de uma planilha.
CTRL + SHIFT + END	Seleciona até a última célula de uma planilha.
CTRL + HOME	Move-se para a primeira célula usada de uma planilha.
CTRL + SHIFT + HOME	Seleciona até a primeira célula de uma planilha.
Page Down	Move-se para a tela de baixo da planilha.
SHIFT + Page Down	Move-se para a tela de baixo da planilha, selecionando a coluna.
CTRL + Page Down	Move-se para a próxima planilha da pasta de trabalho.
ALT + Page Down	Move-se para a tela da direita da planilha.
Page Up	Move-se para a tela de cima da planilha.
SHIFT + Page Up	Move-se para a tela de cima da planilha, selecionando a coluna.
CTRL + Page Up	Move-se para a planilha anterior da pasta de trabalho.
ALT + Page Up	Move-se para a tela da esquerda da planilha.
CTRL + Barra de espaço	Seleciona uma coluna inteira.
SHIFT + Barra de espaço	Seleciona uma linha inteira.
CTRL + T	Seleciona a planilha inteira.

Atalhos de formatação

Tecla	Descrição
CTRL + 1	Abre a caixa de diálogo *Formatar Células*.
CTRL + ;	Insere a data atual na célula selecionada.
CTRL + C	Copia os dados do intervalo selecionado.
CTRL + X	Recorta os dados do intervalo selecionado.
CTRL + V	Cola os dados do intervalo selecionado.
CTRL + ALT + V	Abre a caixa de diálogo *Colar Especial*.
CTRL + I	Formata a fonte como *itálico*.
CTRL + N	Formata a fonte como **negrito**.
CTRL + S	Formata a fonte como sublinhado.
CTRL + 5	Formata a fonte como ~~tachado~~.

ANOTAÇÕES

ANOTAÇÕES

9
Colaboração on-line

EXCEL ON-LINE

Com frequência, as empresas precisam usar planilhas compartilhadas ou editadas por vários colegas de equipe. Em alguns casos, define-se quais partes da planilha ficam a cargo de cada pessoa e depois acontece uma troca interminável de e-mails com versões da planilha. Em outros casos, o arquivo fica armazenado em um diretório de rede e procura-se deixar sempre disponível a última versão.

O processo de edição e compartilhamento de planilhas entre os membros da equipe, parceiros externos, clientes, etc. pode ser complicado e confuso, mas há uma forma muito mais fácil de fazer esse tipo de trabalho: a versão on-line do Microsoft Office.

> Não confunda a versão Excel on-line com a versão do software presente no Office 365. O Excel on-line é disponível gratuitamente no OneDrive para uso pessoal, sendo necessário apenas possuir uma conta da Microsoft. O Office 365 é uma assinatura paga que disponibiliza a versão mais atualizada dos principais aplicativos do Microsoft Office, inclusive para uso corporativo.

Vamos aprender a entrar no Excel on-line e a criar uma conta da Microsoft.

1. No seu navegador, entre no site https://onedrive.live.com/about/pt-br/
2. Clique no botão *Inscreva-se gratuitamente*.

Inscrever-se

OneDrive	OneDrive for Business
Crie uma conta da Microsoft ❶	Ver planos e preços
Se você usa o Outlook.com ou Xbox Live, já tem uma conta da Microsoft. Use-a para entrar ❷	Se a sua organização usa o Office 365, use a sua conta corporativa ou de estudante para entrar

❶ Caso ainda não tenha uma conta da Microsoft, clique aqui para criar uma. ❷ Caso já possua uma conta, clique em *entrar*.

Depois de criar a sua conta da Microsoft e entrar no OneDrive, você terá os aplicativos do Office (versão on-line) disponíveis para uso.

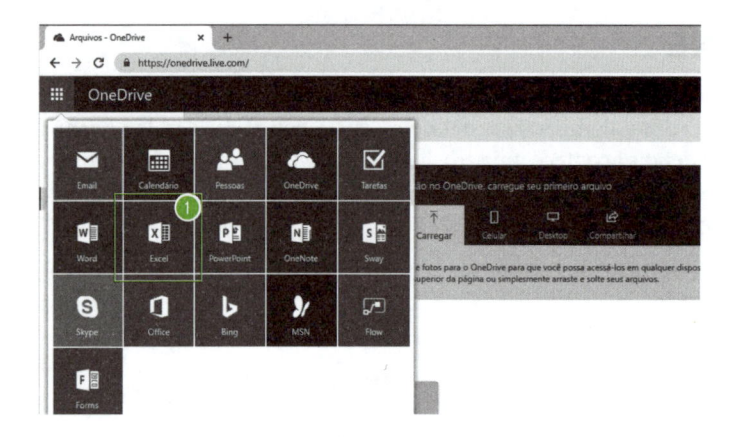

❶ Fica mais fácil trabalhar com a versão on-line do Excel se as planilhas estiverem guardadas na nuvem da Microsoft (OneDrive). Contudo, você também pode abrir planilhas diretamente do seu computador.

3. Clique no ícone do Excel para abri-lo no navegador.

A tela a seguir é a do Excel on-line (versão gratuita para uso pessoal). É fácil perceber que quase tudo que aprendemos para a versão desktop (que está no seu computador) poderá ser usado também na versão on-line.

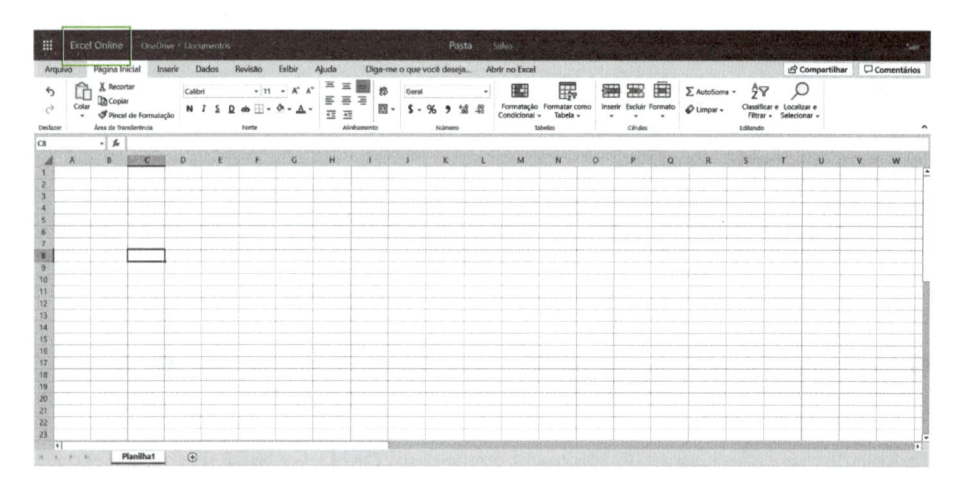

Diferenças entre as versões on-line e desktop

Podemos listar algumas diferenças entre a versão gratuita do Excel on-line e a versão para desktop. Contudo, vale registrar que as duas versões têm sido atualizadas com muito mais rapidez, e até mesmo a versão para desktop, quando adquirida pela assinatura do Office 365, tem atualizações constantes.

Ao configurar a sua conta da Microsoft e passar a usar o Excel on-line, o aplicativo também ficará disponível para celular e tablet, de forma que você poderá acessar as planilhas diretamente nos dispositivos móveis.

Outro detalhe importante é que o Excel on-line (assim como os aplicativos para celular e tablet), quando associado a uma conta que tenha a assinatura do Office 365, ganha recursos extras, como a inserção de dados diretamente de imagens. Porém, essa versão com recursos extras não é gratuita. A seguir, vamos listar os recursos presentes na versão mais simples, comparados com a versão para desktop.

Excel on-line (gratuito)	Excel (para desktop)
Edição de planilhas diretamente no navegador web, com os principais recursos disponíveis.	Edição completa, com todos os recursos disponíveis.
Edição de planilhas em computadores que não tenham o Excel instalado.	Edição somente quando o Excel estiver instalado no computador.
Acesso automático às planilhas do OneDrive.	É possível editar e gravar no OneDrive, mas isso tem que ser definido no momento da gravação.
O recurso *Salvar Automático* fica ligado por padrão.	É possível configurar o recurso *Salvar Automático* para planilhas que tenham sido gravadas no OneDrive.
Colaboração on-line diretamente na planilha e em dispositivos diferentes.	Para ativar a colaboração on-line, é necessário colocar a planilha no OneDrive e usar uma conta da Microsoft.
Uso do aplicativo em smartphones e tablets.	Não é possível editar pelo celular planilhas que foram gravadas apenas no computador.
Ainda não permite uso e edição de macros.	Permite criação, gravação e uso de macros para automatizar as planilhas.
O idioma da planilha será determinado pela sua conta (pode ser que as funções apareçam em inglês se o idioma não for corretamente definido).	Todas as funções estão disponíveis no idioma de instalação da versão desktop.

USANDO O ONEDRIVE

A colaboração on-line é muito dependente do uso do serviço de armazenamento em nuvem da Microsoft, o OneDrive. Se você só conhece o Google Drive, saiba que o OneDrive tem exatamente o mesmo objetivo. Sua vantagem é que é muito mais fácil usar o Microsoft Office com o OneDrive, pois os serviços são integrados de forma nativa, por serem da mesma empresa.

Carregar uma planilha do seu computador

Se a planilha foi feita no seu computador mas você precisa compartilhá-la para que haja colaboração on-line, é possível carregá-la para o OneDrive:

1. Usando a sua conta da Microsoft, acesse o OneDrive pelo site https://onedrive.live.com/about/pt-br/
2. Clique em *Carregar* e escolha *Arquivos*.

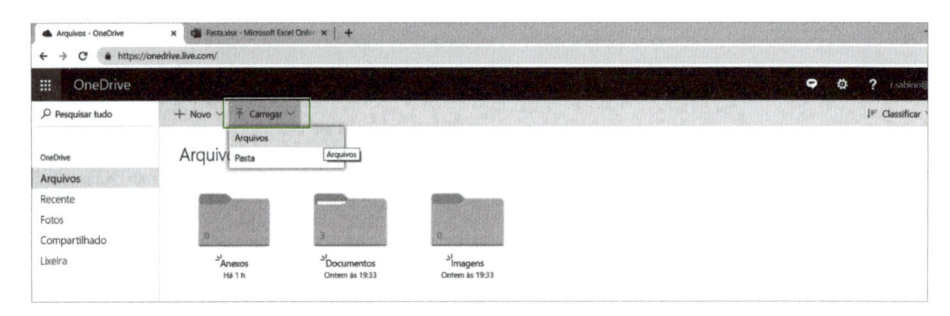

3. Na janela *Abrir*, selecione a planilha no seu computador e clique em *Abrir*.

Pronto! A planilha está disponível no OneDrive.

Abrir uma planilha do OneDrive

Abrir uma planilha do OneDrive é muito fácil porque o serviço já está nativamente integrado com o Excel e com o Excel on-line, e é possível escolher onde se quer editar a planilha. Por exemplo, para fazer pequenas alterações ou para trabalhar ao mesmo tempo que outros colegas de equipe, pode ser mais fácil usar o Excel on-line. Para fazer edições mais complexas, use o Excel em seu computador.

1. No OneDrive, localize a planilha que deseja alterar.
2. Escolha onde deseja editá-la.

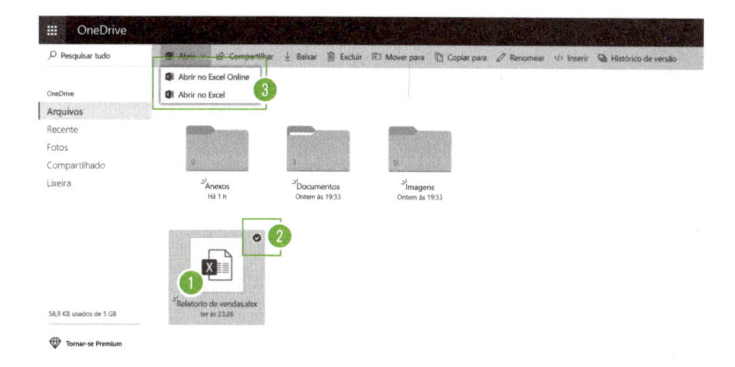

① Para abrir diretamente o Excel on-line, clique sobre a planilha. **②** Para escolher onde editar, selecione a planilha marcando o círculo no canto superior direito. **③** Depois de selecioná-la, escolha como editar.

Lembre-se de que, se usar o Excel on-line, suas alterações serão gravadas automaticamente no OneDrive.

Editando com colaboração on-line

Vamos verificar como editar uma planilha com colaboração em equipe. Neste exemplo, usaremos a mesma conta da Microsoft no Excel on-line e no aplicativo Excel para Android (para baixá-lo, basta procurar *Excel* na loja de aplicativos).

1. Carregue a pasta de trabalho *Relatório de Vendas.xlsx* (que fizemos ao longo do livro) para o OneDrive.
2. Abra a planilha no Excel on-line.
3. Selecione a planilha *Detalhes Equipe A*.
4. Selecione a linha 5 e clique com o botão direito do mouse para abrir o menu de contexto e inserir uma nova linha.

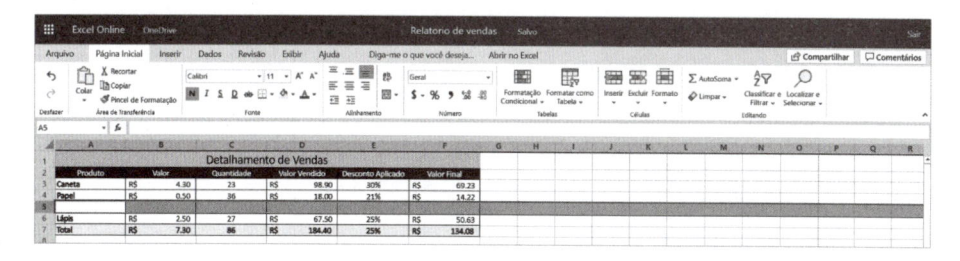

5. Baixe o aplicativo Excel em seu smartphone.
6. Entre no aplicativo usando a mesma conta da Microsoft que usou para editar a planilha no Excel on-line, no navegador.

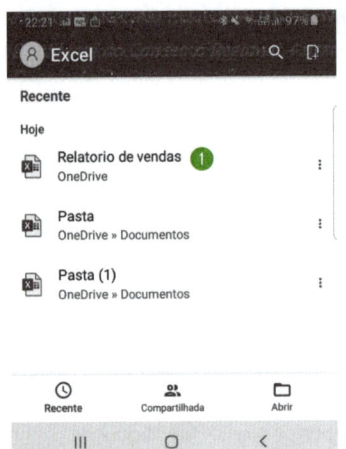

❶ Observe que as mesmas planilhas disponíveis no Excel on-line que estiver usando no navegador estarão disponíveis no aplicativo em seu celular ou tablet.

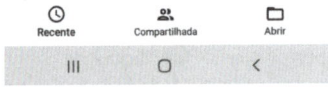

7. Clique sobre a planilha *Relatório de Vendas* para abri-la também em seu dispositivo móvel.

As edições no aplicativo são um pouco mais específicas e podem gerar certa dificuldade. Vamos fazer algumas alterações simples apenas para preencher a nova linha que criamos.

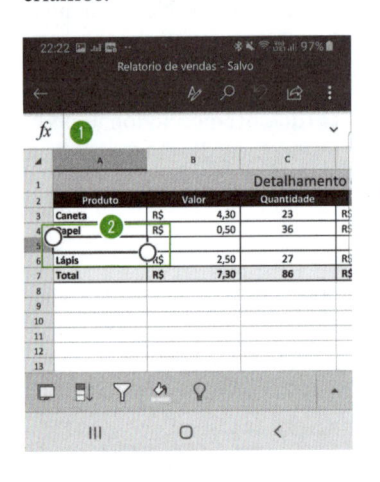

❶ Depois de selecionar a célula onde quer inserir os dados, clique sobre a barra de fórmulas para inserir os dados. ❷ Para selecionar o intervalo a ser editado, clique sobre a célula onde deseja inserir os dados.

8. Usando o aplicativo em seu dispositivo móvel, na célula *A5*, digite *Borracha*.

9. Na célula *B5*, digite *1,5*.

10. Na célula *C5*, digite *18*.

Agora, observe que as alterações também já estão no Excel on-line no navegador:

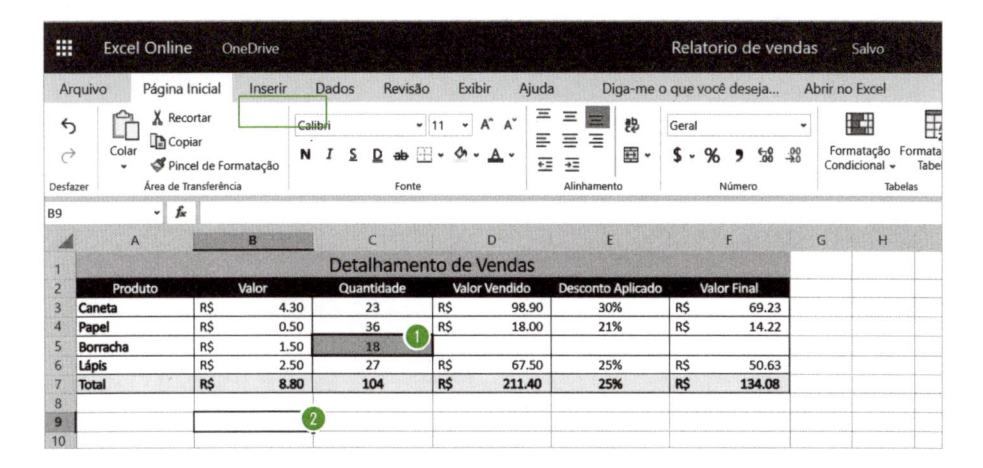

❶ Observe que, durante a colaboração on-line, é possível ver o que está sendo editado no aplicativo. ❷ Enquanto o aplicativo está editando a célula *C5*, o Excel on-line pode ser usado para editar outra célula, se for o caso.

11. Agora, usando o Excel on-line no navegador, copie as células *D4:F4* e cole em *D5:F5* para copiar as fórmulas da linha *4* para a linha *5*.

Observe que as edições já estão gravadas no OneDrive, mesmo sendo efetuadas em dois dispositivos diferentes ao mesmo tempo.

ANOTAÇÕES

10
O Excel como ferramenta de desenvolvimento profissional

Chegamos ao final do livro conhecendo os recursos fundamentais do Excel. Agora, você precisa continuar seus estudos para evoluir profissionalmente e ter o Excel como uma ferramenta que aumentará a produtividade no seu trabalho diário. Alguns pontos importantes a considerar são:

Colaboração on-line: para que você possa interagir melhor com a equipe, é necessário que procure evoluir continuamente, sempre aprendendo novos conhecimentos, desenvolvendo sua capacidade de produzir resultados e de colaborar com outros profissionais, percebendo os recursos do Excel que mais ajudarão em sua caminhada profissional.

Como aprender mais: o Excel é hoje um dos principais aplicativos de produtividade, sendo a ferramenta mais utilizada em muitos ramos de atuação. Por esse motivo, é necessário buscar sempre estar atualizado. Existem várias formas de fazer isso, como os cursos oferecidos pelo Senac (Excel Avançado, Excel com VBA, entre outros), livros e publicações da Editora Senac e portais de conhecimento específicos, como o Office Resolve (https://officeresolve.com.br), entre outras opções.

Como me manter atualizado com as versões do Excel: alguns recursos do Excel evoluem muito rapidamente, como os recursos que estão sendo disponibilizados na versão on-line do Excel, enquanto outros mantêm-se estáveis, como a função *PROCV*, um recurso que vem sendo usado há muito tempo e continua sendo um grande aliado no desenvolvimento de planilhas. Por isso, procure identificar quais tipos de recursos ou funcionalidades são mais importantes para sua atividade profissional e fique atento quando esses recursos forem atualizados ou revistos.

Como manter a prática no Excel: se você não usa muitos recursos do Excel ou não tem uma versão do programa instalada em seu computador, agora já sabe que é possível usar a versão on-line e continuar treinando. Procure fazer planilhas para seu uso pessoal e para manter a prática. Por exemplo, faça planilhas de compras em supermercados, controles financeiros pessoais, ou um organizador de tarefas diárias.

Outros aplicativos podem ajudar na produtividade: os aplicativos de escritório como os do Microsoft Office são hoje uma grande ferramenta de produtividade nas empresas. Por isso, é bom procurar saber um pouco mais sobre os mais usados, tais como:

- Microsoft Word: editor de textos usado para digitação de livros e apostilas, ou para digitação de documentos e formulários a serem impressos e preenchidos.
- Microsoft Power Point: editor de apresentações, usado para exibir slides durante palestras, reuniões de vendas ou teses e aulas, por exemplo.

Recursos avançados do Excel: sendo um dos aplicativos mais completos atualmente, tantos recursos o Excel possui que seria muito difícil encontrar um profissional que conhecesse todos eles. Dessa forma, é bom conhecer alguns dos recursos avançados que você ainda pode aprender e para que servem:

- tabela dinâmica: para profissionais e equipes que trabalham com planilhas complexas e com grande quantidade de informações, é muito útil poder reorganizar essas informações dinamicamente, filtrando, resumindo e ocultando dados de acordo com o objetivo. O recurso de tabela dinâmica possibilita que todo esse trabalho seja feito com menos esforço ao prover diversas ferramentas para reorganizar os dados, além de trabalhar em conjunto com o recurso *Gráfico dinâmico* para que os dados possam ser apresentados de forma visual;

- funções aninhadas: neste livro, vimos vários exemplos de funções, e quando evoluímos no conhecimento do Excel aprendemos que elas podem ser combinadas para trazer um resultado muito mais completo. Por exemplo, em *=ÍNDICE(A2:I10;CORRESP(A17;A2:A10;0);CORRESP(A18;A2:I2;0))*, as funções *ÍNDICE* e *CORRESP* são usadas em conjunto para localizar as informações nas duas dimensões, em muitos casos de maneira mais eficaz do que com a função *PROCV*;

- importar dados externos: muitos profissionais precisam usar dados de outros aplicativos, acessar bancos de dados de sistemas de gestão e e-mails com arquivos para criar planilhas que componham uma visão consolidada desses dados. O Excel dispõe de várias ferramentas para trabalhar com dados externos;

- trabalhar com cenários e hipóteses: muitas planilhas precisam considerar os diferentes tipos de cenários possíveis e criar hipóteses, por exemplo, para realizar um planejamento logístico ou para trabalhar com matemática financeira. Existem recursos específicos para isso no Excel, que são explorados em conteúdos avançados;

- macros e formulários interativos: as macros são responsáveis pela automatização das planilhas, o que facilita muito o dia a dia nas empresas. É um recurso bastante trabalhoso de ser aprendido e por isso há cursos específicos para trabalhar com macros e VBA;

- VBA: enquanto as macros são uma ação automática que pode ser executada em uma planilha, o VBA (Visual Basic for Applications) é a linguagem usada para fazer essa automatização. É possível fazer algumas macros apenas usando o recurso *Gravar Nova Macro*, mas, quando se pretende aumentar o poder dessas automatizações, é necessário aprender um pouco mais sobre o funcionamento da linguagem VBA. Para isso, existem vários cursos voltados especificamente para programação em Excel com o uso de VBA.

Sobre o autor

Roberto Sabino é pós-graduado em mercados financeiros pela Universidade Presbiteriana Mackenzie de São Paulo e graduado em tecnologia em processamento de dados pela Faculdade de Tecnologia (Fatec) de São Paulo. É consultor, professor e conteudista especializado em Office e VBA no portal Office Resolve (https://officeresolve.com.br). Tem ampla vivência em projetos de desenvolvimento de sistemas com diversas linguagens, incluindo automações com VBA. Atuou como gestor de projetos, analista de negócios e engenheiro de software em instituições financeiras de grande porte. É entusiasta do uso dos recursos do Microsoft Office como aceleradores de produtividade. Sempre teve na docência uma paixão, tendo atuado como professor em diversas instituições de ensino. Tem como *hobby* inventar novas ferramentas automatizadas com VBA.

Índice geral

Abrir uma planilha do OneDrive, 120
Alterando a aparência do gráfico, 73
Alterando com o *Layout Rápido*, 74
Alterando o tipo do gráfico, 75
Apresentação, 7
Atalhos de formatação, 112
Atalhos para mover-se pela planilha e/ou selecionar, 111
Aumentando a produtividade (capítulo), 21
Aviso de erro nas fórmulas, 60
Barra de Ferramentas de Acesso Rápido, 23
Carregar uma planilha do seu computador, 120
Classificar e Filtrar, 92
Colaboração on-line (capítulo), 115
Colar (inserir) várias linhas ao mesmo tempo, 26
Colar Especial e Pincel de Formatação, 87
Colar linhas sem inserir, 27
Comandos *Desfazer* e *Refazer*, 27
Como alterar a largura da coluna e a altura da linha, 16
Complexidade no uso de funções, 57
Configuração de impressão, 37
Conhecendo o Excel (capítulo), 11
Copiar e colar usando o botão *Colar Valores* e o *Pincel de Formatação*, 88
Copiar e colar usando o botão *Selecionar Tudo*, 88
Copiar, colar, desfazer e refazer, 26
Criando cálculos com percentual (%), 52
Criando gráficos (capítulo), 69
Criando média de vendas com fórmulas, 48
Criando o botão de filtro, 93
Criando uma planilha, 14
Criar o bônus trimestral digitando as referências, 51
Criar o bônus trimestral selecionando as referências, 49
Deslocamento e visualização, 33
Diferenças entre as versões on-line e desktop, 116
Edição de dados nas células, 24
Editando com colaboração on-line, 121
Entendendo a lógica de cálculos com o Excel, 47
Entendendo como usar o recurso *Classificar* quando houver funções, 94
Estilos de célula, 81
Estrutura do livro, 9

Excel on-line, 117
Exercícios práticos, 81
Exercícios propostos, 29, 42, 53, 66, 76
Fazendo cálculos (capítulo), 45
Filtrando como tabela, 92
Finalizando a formatação da planilha, 17
Formatação básica de uma planilha, 15
Formatação condicional, 85
Formatar como tabela, 90
Fórmulas *versus* funções, 48
Função *SOMA* e a estrutura básica do uso de funções, 58
Funções de lógica, 107
Funções de pesquisa e referência, 105
Funções de pesquisa e referência: *PROCV*, 61
Funções estatísticas, 101
Funções estatísticas: *MÁXIMO, MÍNIMO, MÉDIA*, 59
Funções mais usadas (capítulo), 55
Funções mais utilizadas, 99
Funções matemáticas e de trigonometria, 99
Funções matemáticas: *SOMA, MULT, SOMARPRODUTO*, 59
Guia de consulta rápida e dicas (capítulo), 97
Impressão da planilha, 35
Imprimindo com economia, 39
Incluindo cabeçalho e rodapé, 36
Incluindo um botão na *Barra de Ferramentas de Acesso Rápido*, 23
Inserção e exclusão de dados, linhas e colunas, 25
Introdução sobre o uso de funções, 57
Menus de contexto, 25
Mudando de estilos rapidamente, 73
Mudando itens do gráfico diretamente, 74
O Excel como ferramenta de desenvolvimento profissional (capítulo), 125
O que é a Série Informática, 9
Os operadores matemáticos e a ordem de cálculo, 47
Outras funções, 109
Principais erros no uso da *PROCV*, 65
Proteção aos dados e políticas de backup, 41
Proteger planilha, 82
Quando usar referências absolutas, 51
Recursos adicionais (capítulo), 79
Referenciar células, 47

Referências relativas *versus* referências absolutas, 49
Replicando uma função *PROCV*, 63
Salvando a planilha, 40
Selecionando corretamente os intervalos, 16
Sobre o autor, 129
Teclas de atalho, 109
Teclas de função, 109
Usando o OneDrive, 120
Usando o sinal de =, 47
Validação de dados, 81
Visualização para edição da planilha na tela, 33
Visualizando o gráfico como uma planilha, 72
Visualizando os dados graficamente, 71
Visualizar, imprimir e salvar (capítulo), 31